EUROPAVERLAG

MICHAIL CHODORKOWSKI

WIE MAN EINEN DRACHEN TÖTET

HANDBUCH FÜR ANGEHENDE REVOLUTIONÄRE

Aus dem Russischen von Olaf Kühl

EUROPAVERLAG

Inhalt

Vorwort

Der Archivar in Mark Sacharows Kultfilm *Den Drachen töten,* der die Anregung zum Titel dieses Buches gab, rechtfertigt seinen Konformismus gegenüber dem Ritter mit den Worten: »Die einzige Art, einen fremden Drachen loszuwerden, ist, sich einen eigenen anzuschaffen.« Das ist genau die Art, wie wir leben – erst ertragen wir lange das quälende Joch des fremden Drachen (eigentlich ist es unser eigener, aber ein alter), dann schütteln wir ihn ab und legen uns einen neuen, eigenen Drachen zu, der dann nach einiger Zeit selbst wieder zu einem alten und fremden wird. Ich bin zutiefst überzeugt, dass man diesen Teufelskreis der russischen Geschichte aufbrechen und dass Russland ohne Drachen leben kann, nach eigenem Verstand und Gewissen. Doch damit das geschieht, müssen die jungen Ritter der Revolution bedenken, dass es nicht reicht, den alten Drachen zu töten (wobei schon das nicht einfach ist) – man darf keinen neuen Drachen mit an die Macht bringen, der dann noch schlimmer wird als der vorherige. Dieses Buch handelt davon, wie das in Russland zu erreichen ist.

Wir als Land befinden uns in einer schwierigen Situation: Die Gesellschaft versteht, dass es »nicht so weitergehen kann«, aber sie fürchtet zugleich, es könnte »schlimmer werden«. Die Machthaber, abgesehen vom Präsidenten, ahnen, dass es keinen guten Ausweg gibt, aber sie hoffen, es könnte »irgendwie glimpflich abgehen«. Die Opposition eint das gemeinsame Bestreben, die Macht aus den Angeln zu heben, sie weiß aber nicht, »was danach« kommen soll.

Deshalb ist es meines Erachtens längst an der Zeit, den Menschen klar zu sagen, was wir ihnen vorschlagen, welche Antworten wir auf die philosophischen Schlüsselfragen des Daseins haben. Die Menschen haben ein Recht darauf, zu wissen, was sie erwartet, wenn sie auf unsere Seite treten, und für welche Ideale es lohnt, sein ruhiges Leben aufzugeben und Freiheit und Wohlergehen der Angehörigen aufs Spiel zu setzen.

Die Zeit dafür, den Kopf in den Sand zu stecken und sich vor einer Diskussion der ernsten gesellschaftlichen Probleme zu drücken, ist endgültig vorbei.

»Uns geht es nicht um Politik, wir sind nur gegen die Müllhalden vor unseren Fenstern«; »uns geht es nicht um Politik, wir sind gegen Willkür«; »es geht uns nicht um Politik, wir wollen schöpferische Freiheit, keine Korruption, Freiheit im Internet« ... Für solche netten Ausflüchte ist die Zeit vorbei. Wenn ihr »nichts von Politik« haltet, dann stellt euch auf die Kirchentreppe und wartet – vielleicht gibt euch jemand aus Barmherzigkeit oder aus guter Stimmung heraus ein Almosen, aber so wie die Zeiten und Sitten heute sind, kriegt ihr eher einen Tritt und verliert auch noch euer letztes Hab und Gut.

Wenn ihr aber eure und die Rechte anderer ernsthaft verteidigen wollt, dann ist das Politik *par excellence*, was bedeutet – Wahlen, was bedeutet – Widerstand mit all seinen Risiken.

Unter den Oppositionellen befinde ich mich in einer einzigartigen Position (was mich nicht unbedingt freut). Bei meiner großen Verwaltungserfahrung – dazu zählt die Arbeit in der Regierung, aber auch die Leitung einiger der größten Unternehmen von strategischer Bedeutung für das Land, einschließlich der daran hängenden Dutzenden von einem Kombinat geprägten Monostädte und Siedlungen – ist es mir zugleich verwehrt, vor Ort praktische Organisationsarbeit zu leisten.

Die Machthaber haben mich aus dem Land gejagt, die Tür hinter mir zugeschlagen und zugeschlossen. Für den Fall meiner Rückkehr wurde mir direkt und formal eine lebenslange Haft in Aussicht gestellt.

Zugleich bin ich einer der wenigen (man könnte sagen, »zum Glück wenigen«, denn diese Erfahrung wird teuer bezahlt), die Wladimir Putin alles ins Gesicht gesagt haben, was ich von der Korruption in den oberen Rängen der Macht halte; der einen Monat später ein Strafverfahren angehängt bekam und mehr als zehn

Jahre in Haft verbracht hat (sechs Jahre in der Zelle und vier im Lager). Dazu vier Hungerstreiks, davon zwei »trockene«, und alle – bis zur Erfüllung der Forderungen, drei davon – zum Zeichen der Solidarität.

Zehn Jahre. Das ist fast so viel wie bei meinem Freund Platon Lebedjew. Unvergleichlich viel weniger als bei meinem Kollegen Alexej Pitschugin, der immer noch im Gefängnis sitzt. Und leichter zu ertragen als das Schicksal meines Kollegen, des Juristen Wassili Alexjanin, der ein Jahr nach seiner Entlassung an der Krankheit starb, deren Behandlung man ihm im Gefängnis verweigert hatte ...

Ich habe den Machthabern genug vorzuhalten, habe Erinnerungen, die ich nicht vergessen werde. Aber gerade deshalb will ich nicht über die Vergangenheit sprechen. Ich schlage vor, über die Zukunft nachzudenken.

Ich halte mich nicht für berechtigt, Gerechtigkeit und Barmherzigkeit abzuwägen, den einen zu vergeben und anderen, die meiner Meinung nach eine Strafe verdienen, die Vergebung zu verweigern. Keinesfalls nehme ich für mich in Anspruch, die »Wahrheit in letzter Instanz« zu vertreten.

Jeder von uns hat seine eigene Erfahrung, seine offenen Rechnungen und seine Gedanken über die Zukunft. Aufgrund der mir eigenen geistigen Struktur habe ich nur einfach beschlossen, nicht darüber zu räsonieren, wie gut es wäre, die Machthaber abzulösen, sondern einen praktischen Plan für die Zeit »nach Putin« zu entwerfen.

Nach meinem Zeitgefühl – und nach dem Gefängnis nehme ich die Zeit anders wahr – bleibt dem Regime nicht viel, vielleicht zwischen fünf und zehn Jahre. Ich weiß nicht, wie es enden wird. Vermutlich mit Putin zusammen. Nach all dem, was in der Ukraine geschehen ist, kann ich mir kaum vorstellen, dass er freiwillig abtreten und das Ende seiner von Gott gegebenen Tage an den Ufern des Athos erleben wird. Das wird ihm nicht gegönnt sein.

So oder so, das Regime wird enden. Wie viel wird dann zu tun sein! Und rasch muss es getan werden. Bis dahin sollte sich die Gesellschaft entschieden haben, wer wir sind und wohin wir gehen, welches unser gemeinsamer Weg in dieser rasch sich verändernden Welt ist ...

Einführung in die Drachenkunde: Mein Weg in die Politik und meine Ziele darin

Die Politik als solche war mir nie wichtig. Bevor ich inhaftiert wurde, war ich in sie involviert, soweit es für das Geschäft notwendig war, das heißt, um die wirtschaftlichen Ziele zu erreichen, die damals für mich Priorität hatten. Dann kam das Gefängnis. Das ist nicht gerade der beste Ort für politische Diskussionen, aber ein guter Ort für politische Bildung, der ich mich fleißig widmete, soweit es die sonstigen Beschäftigungen im Gefängnis erlaubten. Ende 2013 beschloss Putin, mich freizulassen. Die Hoffnung stirbt zuletzt, dennoch hielt ich einen solchen Ausgang meiner zehnjährigen Isolation für sehr unwahrscheinlich. Was genau Putins Motiv war, weiß ich bis heute nicht mit Sicherheit. Wahrscheinlich ein wenig von allem. Da war die Olympiade, die vorbildlich abgewickelt werden musste, und eine persönliche Bitte von Angela Merkel, der er in der Hoffnung auf eine künftige Gegenleistung nachkommen wollte – aber auch menschliches Mitgefühl für meine sterbende Mutter, die eine letzte Chance hatte, mich zu sehen. All dies habe ich verstanden und berücksichtigt, während die Vorbereitungen für meine Ausweisung aus Russland in vollem Gange waren. Ich habe auch verstanden, dass diese Freilassung ohne Putins guten Willen und seinen Wunsch niemals erfolgt wäre und dass seine Entscheidung eine Menge Leute in seinem Umfeld verärgert hat. Obwohl ich den FSB-Offizier, der mich aufsuchte, ehrlich warnte, dass ich nicht vorhätte, künftig still zu sitzen und mich von der Welt abzusondern, hatte ich daher kein Motiv, mich aus persönlicher Rachsucht politisch zu betätigen. Ich habe mit Putin keine Rechnung mehr offen. Er hat mich ins Gefängnis gebracht und mir und meiner Familie zehn Jahre geraubt, aber er hat mir auch das Leben gerettet. Wäre das damals nicht geschehen, wäre ich dazu verdammt gewesen, den Rest meines Lebens hinter Gittern zu verbringen. Das ist mir im Rückblick ganz klar.

Wenn ich nach meiner Entlassung sagte, dass ich mich nicht in die Politik einmischen würde, war ich also völlig aufrichtig. Den Wunsch, in die Politik zu gehen, um Putin etwas zu beweisen, hatte ich damals nicht und habe ihn auch heute nicht. Paradoxerweise hat sich unsere persönliche Beziehung so entwickelt, dass ich ihm sogar irgendwie etwas schuldig bin. Er hätte mich töten können, aber er hat es nicht getan. Er hätte mich im Gefängnis verrotten lassen können, aber er hat das nicht getan. Und das vergesse ich nicht. Ich hatte vor, mich gezielt in den Bereichen Menschenrechte und Bildung zu engagieren, wo ich ausreichend große Betätigungsmöglichkeiten sah und glaubte, meine Erfahrung und mein Geld sinnvoll einsetzen zu können. Doch mit der Zeit wurde alles, was ich anfasste, irgendwie politisch. Was war passiert? Was hat mich veranlasst, meinen ursprünglichen Entschluss, nicht in die Politik zurückzukehren, wieder aufzugeben?

Um diese Frage zu beantworten, muss ich erläutern, was ich unter politischer Aktivität verstehe und was die Motivation für mein Engagement ist. Politik im eigentlichen und einzig möglichen Sinn ist der Kampf um Macht. Nicht unbedingt für sich selbst, manchmal kann es auch ein Kampf für einen anderen sein. Wenn Sinn und Ziel der Politik nicht die Macht sind, dann ist es keine Politik, sondern eine Täuschung. Oder die Person, die solches behauptet, ist einfach unehrlich gegenüber sich selbst und ihrem Umfeld.

Doch um Macht kämpfen die Menschen aus zwei Gründen: Den einen ist sie Selbstzweck, während andere sie als Mittel benötigen, um andere Ziele zu erreichen. Vereinfachend kann man die Politiker einteilen in Pragmatiker, die nichts anderes als die Macht als solche brauchen, und Ideologen, für die die Machtergreifung nur der Anfang ist. Natürlich ist diese Einteilung relativ, sie kann nicht verabsolutiert werden, aber es ist nützlich, sie im Hinterkopf zu behalten.

Macht an sich, als Attribut des Alphamännchens, als Möglichkeit, zu dominieren und eine höhere Position in der Hierarchie zu genießen, hat mich nie interessiert. Ich bin in meinem Leben schon ganz oben und ganz unten gewesen. Für mich ist längst kein Geheimnis mehr, dass formale, für alle sichtbare Macht bisweilen wenig wert ist, und reale, manchmal unsichtbare Macht sich nicht in öffentlichen Positionen in der Politik niederschlagen muss. Aus naheliegenden Gründen war ich auch nie an der Macht interessiert, um mich zu bereichern. Ich war und bin immer noch reich genug, um mir keine Sorgen um mein tägliches Brot machen zu müssen, und alles Geld der Welt kannst du auch nicht verdienen. Doch das ist nicht das Entscheidende. Ich war und bin immer sehr misstrauisch gegenüber Menschen, für die Politik Selbstzweck ist. Das Problem ist, dass diese Menschen keine Überzeugungen haben und haben können. Überzeugungen würden sie angreifbar machen und sie daran hindern, ihre Ziele zu erreichen. Im Allgemeinen kommt unter sonst gleichen Bedingungen ein prinzipienloser Mensch, der an keine Konventionen gebunden ist, leichter an die Macht. Ein solcher Mensch wäre einmal »für die Sowjetregierung« und dann wieder gegen sie, und er würde in der Regel in beiden Fällen gewinnen. Wenn es zu viele solcher Politiker gibt, gerät die Gesellschaft in eine lang anhaltende Krise.

Anders ist das bei Politikern mit Überzeugungen. Auch hier ist natürlich nicht alles einfach. Wenn Fanatiker, besessen von menschenfeindlichen Ideen, an die Macht kommen, werden sie nicht nur zu einer Bedrohung für eine bestimmte Gesellschaft, sondern für die gesamte Menschheit. Dennoch wäre die Welt jungfräulich patriarchalisch geblieben, wären nicht Menschen mit Überzeugungen an der Macht gewesen, die sie verändern wollten. Die Frage, ob ich mich politisch engagieren soll oder nicht, lief für mich also immer auf die Frage hinaus, ob ich würdige Überzeugungen habe, für die es sinnvoll ist, sich politisch zu engagieren und damit um Macht zu kämpfen. Wenn auch nicht für mich persönlich, so doch für eine Kraft, die meine Überzeugungen teilt.

Zum Zeitpunkt meiner Entlassung aus dem Gefängnis sah ich keine gewichtigen Gründe, mich in Russland politisch zu engagieren. Ich vertrat allgemeine demokratische Ansichten, so wie Hunderttausende anderer liberal gesinnter Russen auch. Natürlich war ich in praktisch allen Punkten ein Gegner des putinschen politischen Kurses, aber damit stand ich nicht allein. Um meinen Überzeugungen Ausdruck zu verleihen, genügte es, diejenigen zu unterstützen, die meinen Ansichten nahestanden, was ich sogar im Gefängnis tat. Es gab für mich keinen Grund, mich in die Politik einzumischen. Ich glaubte nicht, dem, was andere sagten und taten, etwas Neues hinzufügen zu können. Bald nach meiner Entlassung jedoch änderte sich die Situation.

Etwa zwei Monate nachdem ich Russland gegen meinen Willen verlassen musste, hatte das Land sich verändert. Es war, genauer gesagt, zu dem alten geworden, zu dem, das es vor der Perestroika gewesen war. Es war, als wäre das Komitee des Putsches von 1991 wiederauferstanden und hätte alternative Geschichte spielen wollen. Der gescheiterte Versuch, die Revolution in der Ukraine zu unterdrücken, die anschließende Annexion der Krim durch Russland, die wiederum den Krieg im Donbass auslöste, stellte in Russland alles auf den Kopf. Innerhalb weniger Monate war das Land politisch um Jahrzehnte zurückgeworfen. Die erste und wichtigste Annullierung fand statt. Putin und sein Gefolge machten alles zunichte, was meine Generation in der Unterstützung von Gorbatschows und Jelzins Versuchen, Russland zu verändern, erreicht hatte. Das ging über meinen persönlichen Konflikt mit Putin hinaus. Das war eine grundlegende Meinungsverschiedenheit über das Schicksal Russlands, seine Vergangenheit, Gegenwart und Zukunft. Auf diese Weise entstand meine Motivation, mich politisch zu engagieren, die ich weder im Gefängnis noch bei meiner Entlassung gehabt hatte. Sie beruhte auf einer ganz einfachen Formel: Ich muss die Überzeugungen und Ideale meiner Generation von Revolutionären verteidigen. Damit Russland seine Zukunft nie wieder an die Vergangenheit verliert und nicht wieder in den Trott zurückfällt, aus dem es Ende der 1980er-Jahre so mühsam herausgerissen werden konnte.

Aber wie sollte das gehen? Für die meisten der mir Gleichgesinnten war und ist die Antwort ganz simpel: Putin und seine Clique von der Macht entfernen. Das klingt verlockend, ist aber in Wirklichkeit gar nicht so einfach. Wir sind Stalin losgeworden – und in den Stalinismus zurückgefallen. Wir haben Breschnew beseitigt und die Stagnation zurückbekommen. Wir haben schließlich die zaristische Autokratie gestürzt – und leben hundert Jahre später erneut unter einem autokratischen Regime.

Ich habe nicht den geringsten Zweifel daran, dass es möglich ist, Putin loszuwerden. Früher oder später wird er diese Welt verlassen: Kein Diktator ist unsterblich. Doch Putinismus, Stalinismus und Autokratie werden Russland immer wieder von Neuem heimsuchen, solange die gesellschaftspolitischen und institutionellen Voraussetzungen dafür bestehen. Es ist immer einfach und bequem, das Böse zu personifizieren, aber hier geht es nicht um Persönlichkeiten, sondern um die objektiven Voraussetzungen, denn sie ermöglichen es jedem, der in Russland an die Spitze der Macht gelangt, ein Putin, Breschnew oder Stalin zu werden. Das funktioniert wie die Gesetze der Physik. Ein Revolutionär, ein Erneuerer, ein Befreier kommt an die Macht – und wird zum Diktator, Satrap und Unterdrücker der Freiheit, der sich zusammen mit einem erbärmlichen Häufchen korrupter Lakaien an die Macht klammert. Der konkrete Name bedeutet dabei gar nichts, denn die russische Realität bricht jeden. In gewissem Sinne war es nicht Putin, der Russland gebrochen hat, sondern es war das traditionelle Russland, das Putin zerdrückt hat. Das Risiko, dass Russland für immer dazu verdammt sein könnte, seine eigene Geschichte zu wiederholen, hat mich dazu veranlasst, nach angemessenen Lösungen für diese Bedrohung zu suchen.

Ich kam allmählich zu der festen Überzeugung, dass die bestehende Form der Macht die russische Autokratie konserviert und es unmöglich ist, ohne revolutionäre Veränderungen aus der autokratischen Sackgasse herauszukommen Ich erkannte, dass für Russland angesichts seiner historischen Tradition und politischen Erfahrung nur eine parlamentarische Regierungsform annehmbar ist; natürlich im Sinne einer echten parlamentarischen Republik, keine Pappmascheeversion wie der sowjetische Parlamentarismus.

Jede andere Regierungsform, die die gesamte Exekutivgewalt in den Händen eines formellen Staatsoberhauptes konzentriert, führt unweigerlich – entweder sofort oder im Laufe der Zeit – zu einer autokratischen und totalitären Entartung des Regimes, und zwar aus einem einfachen Grund: Die kulturellen, wirtschaftlichen und gesellschaftspolitischen Bremsen, die das Abgleiten des Staates in autoritäre Bahnen verhindern, sind in unserem Land noch sehr schwach ausgebildet. Jede, selbst die schwächste Persönlichkeit gerät an der Spitze der Machtpyramide in die unwiderstehliche Versuchung, sich diese Pyramide zurechtzumodeln. Wir müssen also die Spitze der Pyramide kappen.

Ich sehe meine Aufgabe darin, diejenigen, die meine Ideale teilen und Russland nicht nur für ein paar Monate oder Jahre, sondern auf Jahrzehnte frei sehen wollen, davon zu überzeugen, dass dieses Ziel nur durch den Aufbau einer wahrhaft föderalen parlamentarischen Republik mit einer entwickelten lokalen Selbstverwaltung zu erreichen ist. Es ist wichtig, den Diktator loszuwerden; es ist wichtig, die Verbrechen des Regimes aufzuklären; es ist wichtig, wenigstens elementare demokratische Normen, Rechtsstaatlichkeit und Gerechtigkeit im Lande wiederherzustellen. Noch wichtiger aber ist es, dies so zu tun, dass das Erreichte nicht gleich wieder verloren geht. Das ist nur durch den Übergang zu einer parlamentarischen Republik möglich.

Der Aufbau einer solchen Republik in Russland ist viel schwieriger als der Sturz des Putin-Regimes. Er verlangt eine echte Revolution, eine, die nicht nur die Oberfläche des politischen Lebens schönt, sondern die Grundfesten der traditionellen Ordnung des russischen Lebens umstößt. Eine solche Umwälzung wird viele Opfer fordern, mit hohem Risiko behaftet sein und buchstäblich alles von unten nach oben neu ordnen. Aber nur eine solche groß angelegte Revolution kann Russland langfristig immun gegen die Autokratie machen und die Chance auf ein neues Leben in einer modernen, postindustriellen globalen Welt eröffnen.

Hier muss ich klarstellen, was ich mit Revolution meine. Ich bin fest überzeugt, dass eine Revolution in Russland unvermeidlich ist und dass Russland sie dringend braucht. Das ändert nichts an meiner grundsätzlich ablehnenden Haltung gegenüber Revolutionen und an meinem tiefen Bedauern darüber, dass sich Russland in einer historischen Sackgasse befindet, aus der einzig die Revolution einen Ausweg bietet. Eine Revolution bedeutet in jedem Fall eine schwere Prüfung für die Gesellschaft, auch wenn sie die lichte Zukunft verheißt. Gleichzeitig geht es bei einer Revolution längst nicht immer um Straßenschlachten, Erstürmung von Postämtern, Brücken und Telegrafenämtern. Solche Ereignisse sind keine Revolution, sondern eine Revolte. Sie geht oft mit der Revolution einher, ist aber nicht ihr notwendiges, geschweige denn ihr wichtigstes Element.

Nach meinem Verständnis bedeutet Revolution eine tiefgreifende Umgestaltung der fundamentalen Lebensgrundlagen einer Gesellschaft, die den Vektor ihrer historischen Entwicklung verändert. Ob ein solcher Umbau der Grundlagen von sozialen Explosionen begleitet wird oder fast geräuschlos verläuft, ist eine andere Frage. Viel wichtiger ist das Ergebnis. Meiner Ansicht nach ist der Übergang Russlands zu einer parlamentarischen Republik – in der das Land von einer Koalition von Parteien regiert wird, die das Parlament auf der Grundlage echter Wahlen kontrollieren und ihrerseits eine echte, breite Mehrheit der Gesellschaft repräsentieren – nur die Spitze des Eisbergs. Im Kern geht es um grundlegende Veränderungen in einer Vielzahl von Bereichen des öffentlichen Lebens, deren Umsetzung für die Nachhaltigkeit und Stabilität des Systems der parlamentarischen Demokratie unerlässlich ist. Von all diesen Veränderungen ist der Übergang zu einem echten Föderalismus und zur Selbstverwaltung der Städte die wichtigste. Nur sie können die politische Grundlage einer stabilen parlamentarischen Republik sein.

Überhaupt sind im Falle Russlands die parlamentarische Republik und der Föderalismus untrennbar miteinander verbunden. Um Russland aus der Routine der Autokratie zu befreien und es auf stabilem demokratischem Kurs zu halten, ist der Übergang zu einer parlamentarischen Republik notwendig. Damit aber die parlamentarische Republik nicht wieder nur zu einer Fassade der Autokratie wird, muss sie durch den Föderalismus gestärkt werden.

Dies nun ist eine ganz tiefgreifende Revolution: Das Land, das jahrhundertelang daran gewöhnt war, sich selbst von oben zu sehen, muss lernen, sich von unten nach oben zu betrachten. Die Logik ist einfach. In Russland gibt es so gut wie keine demokratischen politischen Traditionen, sondern im Grunde nur antidemokratische. Die Zivilgesellschaft, die sich nicht voll entfalten konnte, ist inzwischen praktisch völlig zerschlagen. Selbst wenn sich günstige, annähernd ideale Bedingungen ergeben (was ich bezweifle), wird es Jahre dauern, bis die Zivilgesellschaft zumindest ihr altes Niveau wieder erreicht hat, zumal sie auf diesem früheren Niveau sehr unreif war. Es gibt weder auf föderaler noch auf lokaler Ebene ein Parteiensystem. Alle bestehenden Parteien sind entweder politische Fälschungen, die von den Behörden selbst geschaffen oder von ihnen unterwandert wurden, oder marginale Sekten, die sich um ihre Mikroführer scharen und in den Massen nicht solide verankert sind.

Was kann unter diesen Umständen einem parlamentarischen System als Alternative zur Autokratie Nachhaltigkeit verleihen? Wo liegt die Kraft in einer Welt der Ohnmacht? Einzig und allein in den Regionen. Einzig die regionalen Eliten mit ihren lokalen Interessen, mit ihrer lokalen Identität, mit ihren lokalen, jahrhundertealten Bindungen sind im modernen Russland potenziell Subjekte und nicht Objekte der Politik. Wenn sie die parlamentarische Republik unterstützen, wird es sie geben. Wenn nicht, wird sie vergehen wie eine weitere russische historische Fata Morgana. Eine parlamentarische Republik ist nur möglich in einer echten föderalen Struktur, in der die lokalen Finanzen und das lokale Leben im Allgemeinen Sache derer sind, die vor Ort leben.

Warum ist das Thema Föderalismus für Russland so wichtig? Als unifizierter Staat kann Russland mit seiner kulturellen, religiösen und natürlich auch wirtschaftlichen Vielfalt nur in Form einer brutalen Diktatur existieren, die sämtliche lokalen Besonderheiten unterdrückt und nivelliert. Ohne eine solche Diktatur können Moskau und Grosny, Kasan und Magadan, Kaliningrad und Chabarowsk, St. Petersburg und Kemerowo nicht auf gleichen Nenner gebracht werden. Wenn wir auch nur ein kleines bisschen Demokratie wollen, müssen wir in Russland Vielfalt ermöglichen – nicht nur wirtschaftlich, sondern auch politisch. Übrigens war das von den Putinisten so verehrte Russische Reich auch politisch vielgestaltig. In ihm koexistierten jahrhundertelang die ganz europäische Selbstverwaltung Finnlands mit den mittelalterlichen Khanaten Zentralasiens. Demokratie in Russland bedeutet Vielgestaltigkeit, und politische Form kann der Vielgestaltigkeit unter modernen Bedingungen nur der Föderalismus verleihen.

Doch das ist nicht leicht zu erreichen. Warum war Russland schon immer ein überzentralisierter Staat? Sobald das Zentrum schwächelte und einen erheblichen Teil der Macht an die Regionen abtrat, traten sofort lokale Zaren auf, die alle noch gieriger und bösartiger waren als der in Moskau. In der Folge suchte das

Volk in Moskau Schutz vor den lokalen Satrapen und den von ihnen herangezüchteten Banditen – darauf baute die Zentralregierung seit alters her. Schwacher Zar – starke Regionalzaren, starker Zar – schwache Regionalzaren. Wie kann dieser Teufelskreis durchbrochen werden?

Es gibt einen Ausweg. Ein drittes Element muss eingeführt werden: eine von beiden Polen unabhängige Kraft. Und ein solches Element ist allen wohlbekannt – es ist genau die Kraft, die Putins Regime in den letzten Jahren als Institution am meisten unterdrückt hat. Es ist die lokale Selbstverwaltung. Dem Gouverneur, der nach der Macht greift, während das Zentrum nicht hinschaut, kann von einem unabhängigen und autonomen Bürgermeister oder Verwaltungschef Einhalt geboten werden. Wird der Regionalzar von der lokalen Selbstverwaltung kontrolliert, dann ist er gezwungen, ein verfassungsmäßiger, regionaler Monarch zu werden. Und die lokale Selbstverwaltung wird instinktiv Unterstützung in Moskau suchen und damit die Zentralregierung stärken. Dies trägt dazu bei, das System auszubalancieren und jene Elemente von *Checks and Balances* einzuführen, ohne die eine echte Demokratie undenkbar ist.

Raum für eine unabhängige Justiz entsteht nur dort, wo dieses Dreieck funktioniert. Die Beziehungen in diesem Dreieck können per definitionem nicht ideal sein. Um sie zu klären, bedarf es entweder des permanenten Krieges oder eines allgemein anerkannten Schiedsrichters. Es kann keine unabhängige Justiz geben und wird sie nicht geben, wenn nicht die Starken selbst das Bedürfnis danach entwickeln. Außer den vereinigten lokalen Eliten gibt es im heutigen Russland keine Starken mehr: Alles ist weggebrannt. Das Zentrum, die Regionen und die lokalen Gebietskörperschaften brauchen Regeln und einen Schiedsrichter, der sie durchsetzen kann. Vielleicht kann in einer solchen Situation die Idee einer wahrhaft unabhängigen Justiz zum ersten Mal in Russland Fuß fassen.

Die Entstehung des Justizsystems wird einen allmählichen globalen Wandel im Verhältnis zwischen Bürger und Staat auslösen und die Voraussetzungen für die Wiederherstellung (oder vielmehr den Neuaufbau) einer russischen Zivilgesellschaft schaffen. Fortschritte in dieser Richtung werden früher oder später zum Ergebnis führen. Freiheit, Menschenrechte, faire und ehrliche Wahlen auf der Grundlage politischen Wettbewerbs, stabile Institutionen, die den Rechtsstaat stützen – all dies und viel mehr kann nicht an einem Tag erreicht werden. Zu diesem Ergebnis führt nur eine Kette von auseinander und aufeinander folgenden Ereignissen. Das wichtigste Glied in dieser Kette ist meines Erachtens die Ausrichtung auf die parlamentarische Republik.

Diese Ausrichtung, nicht der »Kampf gegen das blutige Regime«, ist für mich das Ziel, für das sich der Weg in die Politik gelohnt hat. Die Entwicklung dorthin erfordert viel Geduld, sie wird nicht rasch erfolgen.

Leider ist die genaue Definition des Ziels noch keine Garantie dafür, dass man dieses Ziel auch erreicht. Wir müssen uns klarmachen, was uns auf dem Weg dorthin erwartet. Ganz sicher ist jede Bewegung aus der Sackgasse, in die Putin und seine Freunde uns getrieben haben, mit Unannehmlichkeiten verbunden. Viele der Voraussetzungen, die für die Einführung der Demokratie in Russland erforderlich sind, sind heute einfach nicht gegeben. Diese Situation wird von vielen hochanständigen Menschen, Idealisten im besten Sinne des Wortes, ignoriert, die sich wünschen, dass die Dinge besser werden, aber tief im Inneren wissen, dass es doch so kommen wird wie immer. Auf der einen Seite haben wir eine Terrormaschine mit einem riesigen Dienstapparat, der auch nach dem Abgang Putins seine Positionen nicht aufgeben wird; auf der anderen Seite eine von diesem Terror erdrückte, verängstigte Gesellschaft, die ihre stabilen sozialen Bindungen verloren hat, mit einer Elite, die quantitativ geschrumpft und qualitativ degradiert ist. Es ist offensichtlich, dass dieser Abgrund nicht mit einem

Sprung überwunden werden kann. Wir kommen nicht ohne eine Übergangszeit aus, in der die Reste der alten putinschen Gesellschaft unterdrückt und Wachstumszonen für die neue Gesellschaft geschaffen werden müssen. Dieser Gedanke liegt auf der Hand, er wird aber in der allgemeinen Diskussion über die Zukunft Russlands meist ignoriert. In praktischer Hinsicht scheint daher die Organisation des gesellschaftlichen Lebens in dieser Übergangsphase heute das wichtigste Thema zu sein.

Jeder Transit, egal woher und wohin, ist in Russland ein finsterer Wald, in dem man leichter für immer verloren geht, als aus ihm herauszufinden. Und genau dort herauszukommen, wo es geplant war, ist erst recht noch niemandem gelungen. Daher bedarf die Übergangsperiode höchster Aufmerksamkeit. Als sicher gelten kann nur eins: Der Transit nach Putin wird zeitlich sehr begrenzt sein – er kann nicht länger als zwei Jahre dauern. Für diesen Zeitraum wird jede politische Kraft, die Putin ablöst, einen Vertrauensvorschuss bekommen können. Kommt die Übergangsregierung in zwei Jahren nicht voran, dann gibt es zwangsläufig nur zwei Möglichkeiten – entweder wird diese Regierung auf unbestimmte Zeit eine strenge Diktatur einführen müssen, oder sie wird von den Massen hinweggefegt. Das liegt an der großen Zahl unpopulärer Maßnahmen, die in der Übergangszeit unter den ungünstigsten Umständen ergriffen werden müssen, ganz zu schweigen von natürlichen zusätzlichen Faktoren wie dem Widerstand der alten Herrscherclans und dem Sinken des Lebensstandards, mit dem fast jede, ohne gesellschaftlichen Kompromiss durchgeführte Revolution einhergeht.

Russland braucht somit einen nachhaltigen institutionellen Rahmen für die Demokratie, was meiner Meinung nach eine parlamentarische Republik sowie eine Rückkehr zu Föderalismus und Selbstverwaltung in Verbindung mit Rechtsstaatlichkeit bedeuten würde.

Paradoxerweise hängt die Erreichbarkeit dieser langfristigen politischen Ziele davon ab, ob es der Übergangsregierung gelingt, kurzfristig das Vertrauen der Mehrheit zu gewinnen. Ohne diesen Vertrauensvorschuss wird es nicht möglich sein, eine wirksame, aber in mancher Hinsicht unpopuläre Politik umzusetzen, die darauf abzielt, den Widerstand der alten Clans zu brechen und die Grundlage für eine neue Staatlichkeit zu schaffen.

Ist die Übergangsregierung in der Lage, einen rigorosen »Neuen Kurs« zu verfolgen, gibt es realistische Aussichten auf die Umsetzung der langfristigen Ziele. Tut sie dies nicht und verfällt in Populismus, das heißt die Erfüllung kurzfristiger Wünsche der Massen, dann kann man diese Aussichten vergessen. Das Vertrauen des Volkes muss dauerhaft sein und sich über einen längeren Zeitraum erstrecken. Eine Unterstützung der Mehrheit für kurze Zeit zu erreichen ist nicht schwer. Die Menschen bekommen diktatorische Regime satt, manchmal reicht dann ein Streichholz, um ihre passive Abneigung in aktivem Hass entflammen zu lassen. Doch solche Ausbrüche verglühen schnell, und die Massen lassen ihre neuen Führer im Stich. Das ist die Schwäche der »Maidans«: Sie lodern leicht auf, aber die Wucht ihres Ausbruchs reicht nicht aus, die Sache zu Ende zu führen. Um nachhaltige Unterstützung zu erreichen, sind andere, systemische Lösungen erforderlich, nicht nur die Nutzung des aufgestauten Ärgers als soziales Dynamit.

Im Kontext dieser Überlegungen ist es endlich möglich, eine genaue Diagnose der 1990er-Jahre zu geben, die in diesen Tagen plötzlich wieder Gegenstand lebhafter Diskussionen sind. Der Versuch, konsequente Reformen durchzusetzen, scheiterte damals meines Erachtens gerade daran, dass es die Reformer versäumten, sich der nachhaltigen Unterstützung der Gesellschaft zu versichern. Sie gingen naiv davon aus, sie könnten die Meinung der Mehrheit bei der Durchsetzung der Reformen ignorieren, bestenfalls mit ihrer Neutralität, schlimmstenfalls durch Brechung ihres

Widerstands. Es war ein Kurs, der ideologisch auf einen kleinen Teil der Gesellschaft mit radikal »westlerischen« Ansichten ausgerichtet war. Auch bei den wirtschaftlichen Nutznießern der Reformen handelte es sich um eine sehr gemischte, ganz kleine Gruppe. Der Großteil der Bevölkerung litt nicht nur wirtschaftlich unter den Reformen, ihm blieben auch die von den Reformern vertretenen Werte fremd. Eine natürliche Folge dieses Zustandes war die Entfremdung der Gesellschaft von der Regierung und ihrem Kurs. Diese Entfremdung manifestierte sich in der Folge in der massenhaften Unterstützung für Putins im Grunde konterrevolutionären, reaktionären politischen Kurs. Wenn wir nicht wollen, dass sich diese Geschichte wiederholt, dürfen wir auch die Fehler der 1990er-Jahre nicht wiederholen.

Eine Übergangsregierung wird vor der gewaltigen Aufgabe stehen, jahrzehntelang aufgestaute Probleme inmitten einer tiefen Wirtschaftskrise und einer gespaltenen Gesellschaft zu lösen, die am Rande des Bürgerkriegs balanciert. Wie kann sich die Regierung die Unterstützung der Gesellschaft für ihre Maßnahmen sichern?

Lässt man »Schnellschüsse« wie die Konsolidierung auf der Basis der allgemeinen Abneigung gegen das alte Regime beiseite (die erfahrungsgemäß nie von Dauer ist), bleibt nur die Verfolgung eines »linken Kurses«, der den wirtschaftlichen Grundbedürfnissen der Bevölkerungsmehrheit entgegenkommt. Die Mehrheit muss das Gefühl haben, dass das Handeln der Regierung strategisch auf ihre langfristigen wirtschaftlichen Interessen ausgerichtet ist: Nur dann wird sie bereit sein, diese Regierung auf ihrem beschwerlichen Weg durch die Transitzone politisch zu begleiten. Mit anderen Worten, es gibt eine recht einfache, aber aus irgendeinem Grunde von vielen nicht berücksichtigte Einschränkung für jede tiefgreifende Transformation in Russland: Sie kann nur gleichzeitig mit der Umsetzung eines »Linkskurses« erfolgen. Wenn ich von einem Linkskurs schreibe, meine ich in erster Linie die Ausrichtung auf die sozialen und wirtschaftlichen Bedürfnisse der Massen – im Gegensatz zu einem Rechtskurs, der sich an den Forderungen von Minderheiten orientiert. Hätten sich die Reformer der 1990er-Jahre in ihrer Sozialpolitik nicht von den Massen entfernt, hätten wir es heute vielleicht nicht mit dem Putinismus zu tun. Wenn diejenigen, die das Regime politisch bekämpfen wollen, in der Sozial- und Wirtschaftspolitik erneut keinen Einklang mit der Mehrheit finden, werden sie ihre politischen Ziele nie erreichen.

Das verstehen heute fast alle. Keine oppositionelle Kraft, die der russischen Bevölkerung neben der politischen Freiheit und dem Rechtsstaat nicht auch soziale Leistungen und wirtschaftlichen Wohlstand versprechen würde. Nur glauben die Menschen diesen Verheißungen nicht unbesehen. Einerseits, weil die Erinnerung an die 1990er-Jahre noch zu lebendig ist, andererseits, weil die Versprechungen wenig konkret sind und angesichts der derzeitigen Wirtschaftslage viele unrealistische Versprechungen enthalten.

Das für tiefgreifende Veränderungen notwendige Vertrauen der Mehrheit gewinnt man nicht durch Verheißungen eines schönen Lebens in ferner Zukunft, sondern durch Garantien, die jetzt sofort funktionieren. Solche Garantien existieren bereits, so seltsam das klingt, und die Übergangsregierung könnte sie der Bevölkerung als Gegenleistung für die langfristige Unterstützung ihrer Reformagenda anbieten. Es geht darum, den Menschen zurückzugeben, was ihnen in den 1990er-Jahren genommen wurde, nämlich der Anspruch auf Ressourcenrente und eine gerechte Verteilung des Eigentums.

Die Ressourcenrente ist die wichtigste Quelle des Reichtums in Russland, und zwar sowohl im privaten als auch im öffentlichen Bereich. Formal verfügt heute der Staat über die Ressourcenrente, de facto jedoch eine mafiöse Gesellschaft, die sich an die Stelle des Staates gesetzt hat. Alle Vorstellungen zum Schicksal der Ressourcenrente laufen auf eines hinaus: Die Kraft, die Putins Regime ablöst, wird die Verteilung der Ressourcenrente gerechter gestalten, als sie heute ist. Das Volk wird mehr erhalten als jetzt. Da das Volk in Russland jeder Art von Staatlichkeit mit großem Misstrauen begegnet, glaubt es nicht an diese glänzenden Perspektiven.

Denkbar ist aber auch ein ganz anderer Ansatz, der den Staat als Verteiler der Ressourcenrente an die Bevölkerung völlig ausschließt. Allen ist seit den letzten Jahren bekannt, dass es in Russland zwei ungelöste Probleme gibt: die Rentenfrage und die gerechte Verteilung der Gewinne aus dem Verkauf der natürlichen Ressourcen. Warum nicht das eine Problem mithilfe des anderen lösen: die Erlöse aus dem Verkauf von Energieressourcen, die ohnehin getrennt von anderen Einnahmen verbucht werden, auf individuelle Sparkonten der Bürger lenken, die direkt beim Fiskus geführt werden? Die Mittel für die Zahlung einer angemessenen Rente und die Haushaltseinnahmen aus der Ressourcenrente sind ungefähr gleich hoch. Es wäre daher logisch, sie miteinander zu kombinieren. Auf diese Weise wird die russische Bevölkerung in der Lage sein, die Ressourcenrente direkt zu kontrollieren, statt einen gigantischen bürokratischen Apparat mitsamt der an ihr festgesaugten Mafia durchzufüttern. Dies kann und sollte unmittelbar nach der Machtübernahme getan werden. Es eröffnet politischen Spielraum, um schwierige Reformen durchzuführen. Das ist das Wichtigste, aber es ist noch nicht alles.

Ganz offensichtlich wird es unmöglich sein, das Vertrauen zwischen Staat und Gesellschaft in naher Zukunft wiederherzustellen, ohne die Folgen der ungerechten Privatisierung in den 1990er-Jahren zu beseitigen. Dies ist das Erbtrauma, das die Umsetzung jeglicher Maßnahmen zur wirtschaftlichen Gesundung behindert: Der Gesellschaft fehlt nicht nur das Vertrauen zum Staat, sondern auch zum Privateigentum als solchem, der Grundlage jedes politischen Rechtsstaates. In der Wahrnehmung der Mehrheit ist alles Privateigentum das Ergebnis einer ungerechten Verteilung. Diese

Auffassung ist überwiegend durch die Privatisierungserfahrungen der 1990er-Jahre bedingt. Sie spiegelt allerdings zum Teil auch die heutige Realität wider, in der eine kleine kriminelle Schicht, die sich den Staat gefügig gemacht hat, über einen beträchtlichen Teil des russischen Staatsvermögens verfügt.

Ohne dieses rein parasitäre Eigentum abzuschaffen, ist gleich aus zwei Gründen kein Fortschritt in Richtung demokratischer Reformen möglich. Erstens wird dieses Eigentum, wenn es in den Händen der kollektiven Nutznießer des Putin-Regimes verbleibt, sofort dazu verwendet werden, alle konstruktiven Maßnahmen der Übergangsregierung zu blockieren. Zweitens wird es ohne die Beschlagnahmung dieses Eigentums nicht möglich sein, das Vertrauen der Gesellschaft zu gewinnen. Eine Regierung, die Geld in den Händen dieser Leute belassen hat, wird keine Unterstützung finden.

Die zweite unumgängliche soziale Maßnahme der Übergangsregierung wird daher die Enteignung des parasitären Kapitals des Putin-Clans sein müssen. Die beschlagnahmten Vermögenswerte sollten von öffentlichen Investitionsfonds verwaltet werden, die vom Parlament kontrolliert werden. Die Gewinne aus diesen Fonds sollten über individuelle Sparkonten, die für alle Bürger eröffnet werden, in die zusätzliche Finanzierung von Sozialausgaben der Bevölkerung fließen, insbesondere im Bildungs- und Gesundheitswesen. Diese Maßnahme kann als Ausgleichsmaßnahme betrachtet werden: Sie würde Fehler korrigieren, die der Staat bei der Privatisierung gemacht hat, und wäre gewissermaßen ein Schritt, um die soziale und wirtschaftliche Gerechtigkeit wiederherzustellen.

Heute, da in Russland faktisch der Ausnahmezustand und ein politisches Terrorregime herrschen, ist jeder praktische Widerstand gegen die Maßnahmen der Behörden gelähmt. Die Erfahrung zeigt jedoch, dass das nicht ewig so gehen kann: Derart geschlossene Systeme verursachen am Ende ihren eigenen Zusammenbruch. Putins Regime wird da keine Ausnahme sein. Während die Lebensdauer dieses Regimes kaum zu beeinflussen ist, ist es das Tempo der künftigen Genesung sehr wohl. Es wird weitgehend davon abhängen, wie gründlich die Eliten die Geschehnisse reflektieren, ob sie Lehren aus der russischen Geschichte ziehen, ob die Bewegung ein verständliches und erreichbares Ziel hat und – noch wichtiger – ob ein detaillierter Fahrplan vorliegt.

Ein gesellschaftlicher Konsens über all diese Punkte wird den Prozess der Normalisierung nach dem Sturz des Regimes wesentlich erleichtern und beschleunigen. Fehlt er, und fehlt sogar ein Plan, auf dem dieser Konsens aufbauen kann, dann wird dies die Gesundung der Gesellschaft erheblich erschweren, sie vielleicht gar unmöglich machen. Unter den gegebenen Umständen wird der geistige und intellektuelle Widerstand gegen das Regime für einige, vielleicht sogar für lange Zeit die einzige Form des Widerstands der Mehrheit der oppositionell gesinnten Bürger sein können. Doch die »Weltfremdheit« und scheinbare Abstraktheit dieses Widerstands in der Gegenwart schmälert seine historische Bedeutung nicht. Im Gegenteil, heute ist dies die Frontlinie im Kampf um Russlands Zukunft. Am Anfang jeder Tat steht das Wort – wichtig ist, dass dieses Wort treffend und präzise ist.

Im heutigen Russland ist kein Raum für Politik, gibt es keine Motive, sich mit ihr zu beschäftigen. In der Zukunft Russlands wird es sie sehr wohl geben. Der Gedanke an ein Russland nach dem Putinismus ist es, der mich zum politischen Engagement bewegt. Diese Zukunft verspricht nicht leicht zu werden. Putin hinterlässt Russland ein schwieriges Erbe, das nur schwer zu bewältigen sein wird. Der Weg wird übersät sein von historischen Fallen, in die Russland mehr als einmal getappt ist, um jahrzehntelang darin festzustecken.

Ich bin überzeugt, dass die Neubegründung Russlands als parlamentarische, wahrhaft föderale Republik mit einer starken Selbstverwaltung der Dreh- und Angelpunkt ist, von dem aus der

Fluch der Autokratie für immer gebrochen werden kann. Gleichzeitig bin ich mir bewusst, dass dieser Punkt in Russland nur auf der »linken Spur« erreicht werden kann. Mein politisches Ziel heute ist es, einen breiten gesellschaftlichen Konsens sowohl über das Ziel selbst als auch über die Methoden seiner Verwirklichung herzustellen.

Teil I
Wie wird man einen alten Drachen los?

Für die überwältigende Mehrheit der Menschen gilt: Es lebt sich ganz bequem unter dem Drachen bis zum letzten Tag, jenem Tag, an dem sie selbst oder ihre Angehörigen umgebracht, verhaftet oder aus ihrem gemütlichen bürgerlichen Heim auf die Straße gesetzt werden. Die Liebe zum Drachen ist der natürliche Zustand des Bürgers – und genau sie ist das Hauptproblem jeder Übergangsphase von der Diktatur zur Demokratie. Der Drache selbst ist leichter loszuwerden als die Ergebenheit des Bürgers zu ihm. Deshalb ist der Sturz des Drachen kein sprühender, revolutionärer Einakter mit einem Feuerwerk aus Fröhlichkeit und Glück im Finale, sondern ein Drama in mehreren Aufzügen mit komplexer und bisweilen tragischer Handlung. Und in jedem Akt dieses Dramas stehen die Schauspieler vor schwierigen Dilemmata, für die es manchmal keine eindeutige Lösung gibt.

Kapitel 1

Strategie des Sieges: Friedlicher Protest oder friedlicher Aufstand?

Zunächst ist anzumerken: Keine Revolution, auch die samtene nicht, kommt ohne Gewalt aus oder, was öfter der Fall ist, ohne deutliche und unwiderrufliche Androhung von Gewalt, die das Regime zum Kompromiss bewegt. Gerade die Kompromissbereitschaft der Regimes – und nicht der Wunsch der Revolutionäre nach einem Kompromiss mit dem Regime um jeden Preis – macht die samtene Revolution möglich. Folglich sind solche Revolutionen nur dann erfolgreich, wenn sie es mit »überreifen Diktaturen« zu tun haben, autoritären Regimes, in denen die Kinder oder gar die Enkel ihrer Gründer regieren.

Kann es im Prinzip einen gewaltlosen Protest in einem undemokratischen Staat geben? Unter den Bedingungen einer Despotie gibt es für den Protest keine legalen Rahmen, deshalb ist es ja eine Despotie. Jeder beliebige Bürger, der real gegen das diktatorische Regime protestiert (und nicht in Abstimmung mit den Behörden den Protestierenden mimt), steht außerhalb des Gesetzes. Wenn Versammlungen, Protestzüge, Demonstrationen, Einzelproteste und andere öffentliche Formen politischer Aktivität verboten sind, dann kann noch der friedlichste Auftritt auf der Straße in Gewalt münden, indem er Gewalt vonseiten der Herrschenden provoziert, und sei es auch nur Widerstand in seiner passiven Form (wenn der von den Polizisten verprügelte Mensch zum Beispiel seinen Kopf vor den Schlägen abschirmt).

Protestformen, die wir aus Gewohnheit weiter in friedliche und unfriedliche trennen, unterscheiden sich unter den Bedingungen der Diktatur qualitativ gar nicht mehr. Jede Form des öffentlichen Protests gegen die Usurpation der Macht ist potenziell unfriedlich, die Proteste können sich aber nach dem Grad der Äußerung ihres gewaltsamen Charakters von beinahe null bis zu sehr ausgeprägt wesentlich unterscheiden.

Ich glaube, die Frage des friedlichen oder unfriedlichen Protests führt ins Abseits und verdeckt eine andere, sehr viel wichtigere Frage. Es ist dies die Frage, ob wir revolutionäre Gewalt im Grundsatz für legitim halten. Nur nach der Antwort auf diese Frage können wir zu der nächsten Frage nach dem wünschenswerten oder nicht wünschenswerten Format der gezeigten Gewalt übergehen. Meiner Meinung nach lautet die Antwort eindeutig Ja – revolutionäre Gewalt ist legitim.

Analysiert man die Position der Anhänger eines »ausschließlich friedlichen« Protests richtig, dann wird sehr rasch klar, dass sich hinter der Fassade der schönen und friedliebenden Worte oft der Versuch verbirgt, die These der Illegitimität revolutionärer Gewalt dem Grundsatz nach zu verteidigen. Das ist ein gefährlicher Irrweg: Versteht man den friedlichen Protest als prinzipiellen Verzicht auf jede Art von revolutionärer Gewalt (und genauso verstehen ihn viele aus Naivität), dann wird diese Haltung gewiss auf Verständnis bei jedem Diktator stoßen, sie macht aber den Kampf gegen die Diktatur absolut unmöglich.

Nicht eine einzige Diktatur in der Geschichte der Menschheit ist ohne offenen oder versteckten Gewaltdruck nur deshalb abgetreten, weil sie sich selbst erschöpft hätte. Wenn nicht die Gewalt selbst, so hatte doch immer die Drohung damit entscheidenden Einfluss auf den Triumph der Revolution. Eine andere Sache ist, dass die Drohung, Gewalt anzuwenden, immer und in praktisch jeder Beziehung besser wirkt als ihre offene Anwendung.

Dies ist nicht nur eine Frage des Humanismus. Wenn die Revolution mit Gewalt beginnt, dann endet sie auch in ihr. Und wenn die Revolution in Gewalt endet, dann lässt sie es niemals darauf beruhen. Eine gewaltsame Revolution macht praktisch die postrevolutionäre Diktatur mit dem Ziel, die Konterrevolution zu unterdrücken, unausweichlich. Das sollten alle berücksichtigen, die im Unterschied zu den Anhängern des ausschließlich friedlichen Protests für einen raschen Übergang zu gewaltsamen Kampfmethoden eintreten.

Die Legitimität revolutionärer Gewalt als eine Kampfmethode gegen die Diktatur anzuerkennen bedeutet keineswegs die Bereitschaft, diese Gewalt unverzüglich in der Praxis auszuüben. Es ist eine strategische Frage, ob man die Möglichkeit und Legitimität der Gewalt im revolutionären Kampf gegen die Diktatur anerkennt. Ob man dann im konkreten Fall Gewalt anwendet oder nicht – und wenn ja, in welchen Grenzen oder Formen –, ist eine Frage der revolutionären Taktik, die unterschiedlich gelöst werden kann.

Häufig ist der vorsätzliche Verzicht auf Gewalteskalation, um eine Vielzahl von Opfern zu vermeiden, besonders in jenen Fällen, in denen die Mehrheit ohne das Vorliegen einer revolutionären Situation im Land nicht zu aktiven Taten bereit ist, die einzig richtige Entscheidung. Diese Entscheidung jedoch zum Dogma zu erheben und zu meinen, der Protest müsse unter allen Umständen friedlich bleiben, ist gleichbedeutend mit der freiwilligen Entwaffnung und de facto dem Verzicht auf einen realen Kampf um die Macht. Das Regime muss ständig unter Druck gehalten werden und merken, dass es für jede Kraft eine Gegenkraft gibt, dass auf jedes Verbrechen die Strafe folgt. Nur dann haben die Aufständischen gegen das Regime Aussicht auf Erfolg.

Klar ist eines – der Protest darf keine innere Selbstzensur zulassen. Wenn die Revolution eine eingebaute Geschwindigkeitsdrosselung hat, wird sie nie abheben. Haben sie einmal »A« gesagt, müssen die Führer des Protests immer bereit sein, auch »B« zu sagen. Wenn du die Menschen auf die Straßen bringst, lässt du schon dadurch die Möglichkeit revolutionärer Gewalt zu. Eine andere Sache ist, dass du deine Anhänger aus taktischen Erwägungen zur Zurückhaltung aufrufen kannst.

Verrat am Protest ist sowohl die Provozierung von Gewalt, ohne dass eine revolutionäre Situation vorliegt, als auch der absolute Verzicht auf Gewalt, wenn sie in der revolutionären Situation nötig ist, um das Tüpfelchen aufs i zu setzen. Letzteres würde bedeuten, die Bewegung führerlos ihrem Schicksal zu überlassen. In der Regel führt das zur sofortigen Niederschlagung der Revolution, zu noch größerer Gewalt und zu mehr Opfern, nur diesmal nicht von der Revolution, sondern von der Konterrevolution ausgehend. Deshalb sollte der Protest natürlich versuchen, friedlich zu bleiben, und er wird es auch bleiben, wenn die Bereitschaft, Gewalt mit Gewalt zu erwidern, überzeugend genug ist.

Kapitel 2

Vereinigung des Protests: Mehrparteien- oder Einparteiensystem?

In der Mehrzahl der Fälle erweist sich der Neobolschewismus als Sackgasse der Protestbewegung, weil die für seinen Sieg notwendigen Bedingungen einfach nicht entstehen können. In jenen seltenen Fällen aber, da ein Krieg oder ein vom Ausmaß her vergleichbares Ereignis das Regime hinwegfegt und die neobolschewistische Sekte die Chance zu einem erfolgreichen Umsturz bekommt, sind die Folgen immer ein Bürgerkrieg und eine neue Diktatur, die manchmal noch viel grausamer ist als die soeben beseitigte. Dies folgt aus der Natur des Neobolschewismus selbst und dem Zwang, die Macht mit einem geringen Prozentanteil der Bevölkerung zu ergreifen und zu halten. Ist das die Revolution, die Russland erwartet? Ist dies der Sieg über das Regime, der Opfer rechtfertigt?

Eine Alternative zum Neobolschewismus mag eine Protestkoalition sein, eine vielfältige, aus mehreren Parteien bestehende Protestbewegung – eine Sammlung diverser politischer Gruppen. Gewiss, eine Koalition ist im Krieg nicht die beste Organisationsform. Doch der Hauptgrundsatz der Koalition lautet: besser früher als schlechter. Die Vereinigung der Opposition schafft die Voraussetzungen, um das Regime zu stürzen, bevor es auf natürliche Weise kollabiert. Der Preis für den Sturz des Regimes bemisst sich nach der Anzahl der Menschenleben, die dieser Sieg kostet. Uns ist keineswegs gleichgültig, wie viele es am Ende sein werden.

Koalition bedeutet immer Kompromiss. In einer Koalition schließen sich radikale, weniger radikale und sogar Kräfte zusammen, die zur Zusammenarbeit mit dem Regime tendieren. Der Neobolschewismus ist immer und ausschließlich radikal. Auch er geht Kompromisse ein, aber einzig und allein zu taktischen Zwecken. Sie dienen dazu, ans Ziel zu kommen und danach mit dem »Mitläufer« aufzuräumen. Genau aus diesem Grund endeten alle historischen Bündnisse der Bolschewiken übel für die zeitweiligen Verbündeten. Die Hauptlosung der Koalition ist der neobolsche-wistischen entgegengesetzt: Wer nicht gegen uns ist, ist mit uns. Das Ergebnis der Revolution soll kein postrevolutionärer Aufruhr sein, sondern der postrevolutionäre demokratische Rechtsstaat.

Wer in der Vorbereitung der Revolution zu Kompromissen bereit ist, wird es auch nach der Revolution sein. Und wer den Kompromiss in der Revolution ablehnt, wird ihn nach der Revolution umso mehr ablehnen und zum revolutionären Diktator werden. Am Ende verwandelt sich jeder revolutionäre zu einem ganz ordinären Diktator, den es dann mit einer neuen Revolution zu stürzen gilt. Diesen Teufelskreis durchläuft Russland schon mehr als hundert Jahre. Und wenn die radikalsten Revolutionäre nicht bereit sind, sich mit weniger radikalen und sogar Nicht-Revolutionären zu vereinen, dann bedeutet das nur, dass sie weiterhin den Boden für den ewigen Putin bereiten.

Kapitel 3

Wie zieht man den Protest heran:
Untergrund oder Exil?

In Oppositionskreisen herrscht keine einheitliche Meinung darüber, wo und mit welchen Mitteln der Kampf unter solchen Bedingungen fortzusetzen ist (und viele schauen lieber gar nicht erst in diese erschreckende Zukunft). Der Diskurs dreht sich gewöhnlich um zwei Varianten – Exil oder Untergrund. Einige meinen, dem Regime könne man nur Widerstand leisten, indem man ins Ausland geht. Andere glauben dagegen, die Verbindung zur Protestbewegung lasse sich nur in Russland selbst aufrechterhalten.

Wie so oft haben die einen auf ihre Art ebenso recht wie die anderen: Beim Kampf gegen die neototalitäre Diktatur müssen alle zugänglichen Mittel eingesetzt werden, darunter der Untergrund und das Exil. Statt darüber zu streiten, wo der wahre Oppositionelle seinen Platz hat, sollte man sich deshalb schon heute überlegen, wie die Anstrengungen derjenigen, die für Russlands Zukunft »von innen« und »von außen« arbeiten, zu vereinen sind. Der beste Ort für den Oppositionellen ist der, an dem er zum gegebenen Moment der Sache am besten dient.

Zuerst vergegenwärtige man sich die Realität von heute. In der Epoche der globalen elektronischen Kontrolle sind die Möglichkeiten illegaler Tätigkeit im Untergrund äußerst begrenzt, nicht nur im Vergleich zum zaristischen Russland, sondern sogar im Vergleich zur Sowjetunion (wie schwer vorstellbar das auch ist). Um in unserer Zeit für die Geheimdienste unsichtbar zu bleiben, müssen die Oppositionellen selbst so geschickt agieren wie ausgebildete Agenten, und das ist im realen Leben schwer möglich. Der Untergrund bleibt per definitionem sehr wenigen, außergewöhnlichen Persönlichkeiten vorbehalten, die von Natur aus zu dieser Art Tätigkeit neigen und »fanatisch« sind, das heißt bereit, einen großen Teil ihres Lebens im Gefängnis zu verbringen oder der Idee sogar ihr Leben zu opfern. Den Untergrund als Möglichkeit für alle zu propagieren hieße, eine Utopie anzupreisen.

Die radikale Opposition kann heute nur aus dem Ausland mit eigener Stimme sprechen, wobei all diejenigen, die den radikalen Standpunkt nicht teilen, sich an das Regime anzupassen versuchen und das Regime teilweise akzeptieren, und erst recht jene, die zwar Teil des Regimes, aber nicht der übelste Teil sind – heute harsch als Kollaborateure kritisiert werden. Jedoch wird diese Möglichkeit, mit eigener Stimme zu sprechen, vielleicht sehr bald völlig verschwinden; dann werden nur noch die Stimmen jener zu hören sein, die in der Grauzone verbleiben. Wenn die Opposition gehört werden will, muss sie lernen, aus dieser Grauzone heraus zu kommunizieren.

Wenn die sich abzeichnenden Tendenzen in der Entwicklung der russischen Staatlichkeit weiter fortbestehen, wird sich die Opposition trotzdem früher oder später damit konfrontiert sehen, dass der Schwerpunkt der politischen Arbeit ins Ausland verlagert werden muss. Darauf sollte man sich ohne Panik einstellen und psychologisch vorbereiten. Zumindest das Koordinationszentrum der Opposition kann sich nur außerhalb des Landes befinden. Das hat die Erfahrung der vergangenen Jahre gezeigt, unter anderem die belarussische. Jeder Versuch, ein solches Zentrum im Innern aufzubauen, wird vom Regime streng unterbunden werden. Nur im Ausland kann sich die Arbeit unabhängiger Medien in vollem Umfang entfalten, wobei die Verbreitung des Contents in Russland eine Frage für sich ist (aber um etwas Gutes zu verbreiten, muss man es zuerst produzieren). Außerdem müssen dort auch die Bildungsprojekte zur Vorbereitung der künftigen Kader Russlands konzentriert und die finanziellen Mittel gesammelt werden, und dort ist es auch möglich, die öffentliche Meinung des Westens zu beeinflussen.

Natürlich ist das Exil immer ein Kompromiss. Das Problem ist nur, dass diejenigen, die im Lande zu überleben versuchen, bald noch schmerzlichere Kompromisse eingehen werden müssen. Ich finde, wir sollten unsere übliche Einstellung zum politischen Exil als erzwungener Flucht ändern und aufhören, die Oppositionellen in »hiesige« und »nicht hiesige« einzuteilen. Das Exil wird schlicht und einfach zur zweiten Front (wenn es ganz schlimm kommt, sogar zur ersten) im Kampf gegen das Regime. Das präzise Zusammenwirken zwischen denen, die von innen arbeiten, und denjenigen, die von außen arbeiten, muss gut koordiniert werden. Nur in der Kooperation beider Fronten kann die Opposition bestehen und tätig sein.

Wer im Exil arbeitet, wird es mit zusätzlichen Schwierigkeiten zu tun bekommen. Ohne Zweifel wird das Regime alle politischen Emigranten als Spione und Diversanten hinstellen, die von ausländischen Geheimdiensten finanziert werden. Doch das ist halb so schlimm: Der Haken ist, dass das Verhältnis der Politemigranten zu den Regierungen und Geheimdiensten der Länder, in denen sie ihre Zentren aufzubauen versuchen, keineswegs rosig sein wird. Die historische Erfahrung zeigt, dass die europäischen Regierungen nicht gerade entzückt davon sind, wenn auf ihrem Gebiet Kämpfer gegen das russische Regime agieren; das bedeutet für sie nur eine zusätzliche Belastung und erschwert das Verhältnis zum Kreml.

Allem Anschein nach wird es in der Zukunft zu einer Art Arbeitsteilung kommen. Von einem bestimmten Moment an wird die freie Diskussion über das Modell des neuen Russland nur dort möglich sein, wo der Arm der Diktatur nicht hinreicht. Die Verbreitung freier Ideen von innen wird erschwert sein – das ist eine Aufgabe für diejenigen, die den Mut finden, im Inneren zu kämpfen. Es gilt, darauf vorbereitet zu sein, dass der Protest eine ganze Weile im Inkubator verbleibt, bevor er in den politischen Raum ausbricht. Deshalb ist im Voraus dafür zu sorgen, dass dieser Inkubator auch reibungslos funktioniert. Je mehr wir jetzt tun können, desto weniger Arbeit wird später bleiben.

Kapitel 4

The Point of no Return:
Straße oder Kommandohöhen?

Von welchem Moment an wird die Revolution unaufhaltsam? Viele glauben, dazu müsse sie »die Straße erfassen«. Stimmt das?

Die Straße war und bleibt das große Mantra der russischen liberalen Intelligenz. Sie sieht ihre Mission in der Regel darin, die Massen auf die Straße zu bringen. Dabei gelingt ihr das gewöhnlich nicht besonders gut. Meist sind die Massen weniger empfänglich für die Aufrufe der Intelligenz als für die geheimen Winke der Macht.

Wozu rufen die politischen Führer das Volk auf die Straße? Es gibt zwei prinzipiell unterschiedliche Situationen, die wir oben erörtert haben – den friedlichen und den unfriedlichen Protest. Den friedlichen Protest kann man in diesem Zusammenhang vernachlässigen. Solange es Hoffnung gibt, dass die Diktatur psychologischem Druck weicht (weil sie »altersschwach« geworden ist oder weil die Elite in sich gespalten ist oder weil das Regime eine Intervention fürchtet), werden die Menschen ausschließlich zu dem Zweck auf die Straße gebracht, um Macht zu demonstrieren, nicht aber um sie unmittelbar einzusetzen. Unter dem Schutz der Menschenmassen auf der Straße verhandeln die Oppositionsführer dann mit den Vertretern des Regimes und erörtern die Bedingungen seiner Kapitulation. Der Fall dagegen, dass eine Kapitulation nicht ansteht, dass das Regime bereit ist, sich mit Waffengewalt zu wehren, muss gesondert behandelt werden.

In der Situation, in der sich das härteste Szenario des Machtwechsels abzeichnet, bedeutet der Ruf auf die Straße den Beginn des Angriffs, das heißt den offenen Aufruf zum Aufstand. Das ist ein äußerst schwerwiegender Schritt. Er verlangt von den Führern, dass sie bereit sind, den Angriff selbst zu leiten und dies nach allen Regeln der Revolution und Kriegsführung zu tun. Andernfalls haben sie nicht das Recht, die Menschen auf die Straße zu rufen, denn sonst riecht dieser Aufruf stark nach Provokation und jagt die Menschen sinnlos unter die Polizeiknüppel, wenn nicht gar vor die Gewehre. Um aber einen Aufstand zu leiten, Straßenkämpfe im wahrsten Sinne des Wortes zu führen, reicht der fromme Wunsch allein nicht. Wie der Urheber des einzigen erfolgreichen revolutionären Aufstands in Russland schrieb – der Aufstand ist eine Kunst, die man lernen muss. Und natürlich muss man sie rechtzeitig erlernen. Improvisation hilft da nicht weiter.

In der revolutionären Situation bringt man die Menschen auf die Straße, um die Kommandohöhen zu erobern. Das heißt, die Straße ist nicht an sich wichtig (wie in den Utopien der »Salonführer«), sondern ausschließlich als Richtungsgeber der Massen, als Art und Weise, eine kritische Masse unbewaffneter oder schlecht bewaffneter Menschen zum nötigen Zeitpunkt am richtigen Punkt oder an den richtigen Punkten zu sammeln. Eine Masse, die ausreicht, den Widerstandswillen der lokalen Kommandeure des Regimes zu lähmen. Diese Kommandeure müssen daher markiert werden.

Von hoher Bedeutung war und ist es, den einheitlichen Raum der politischen Aktion zu wahren, den Aufstand nicht in mehrere Sektoren aufsplittern zu lassen, von denen jeder Einzelne dann erstickt werden kann. Lenin brauchte dazu die Brücken, ganz allgemein aber geht es um die Hauptverkehrsknotenpunkte, die zu isolieren und unverzüglich unter Kontrolle zu bringen sind.

Ein zweites, noch wichtigeres Moment ist es, eine ungestörte Kommunikation zwischen den Aufständischen sicherzustellen. Unter heutigen Bedingungen ist dafür die Kontrolle der Internet-Provider und des Mobilfunks nötig, außerdem der Signalsysteme (Kontrollpunkte, Antennen und Sonstiges). Eine nicht mehr koordinierte revolutionäre Masse verwandelt sich rasch in eine unlenkbare Menschenmenge und wird zermalmt.

Drittens: Die Kontrolle der althergebrachten Massenkommunikationsmittel wie Fernsehen, Radio, Zeitungen, Druckereien bleibt so wichtig wie eh und je. Wo sie nicht unter Kontrolle gebracht werden können, dort sind sie zumindest zu neutralisieren.

Viertens: Es ist zu verhindern, dass das Regime die Repressionen verstärkt und Führungspersonen aus der Menschenmenge herausgreift. Zu diesem Zweck sind in erster Linie die Gefängnisse und Polizeiabschnitte zu blockieren. Auf die Freilassung zuvor festgenommener Genossen ist hinzuarbeiten.

Fünftens: Es bleibt wichtig, Kampfgruppen aus gut ausgebildeten und nach Möglichkeit bewaffneten Jugendlichen zu bilden, die sich den Maßnahmen der staatlichen Gewalt zumindest teilweise widersetzen und der Hauptmasse Deckung geben können. Die Ausbildung und Bewaffnung dieser Gruppen mit Beutewaffen oder solchen aus eigener Produktion (Molotowcocktails und dergleichen) ist eine wichtige Aufgabe.

Revolution ist eine ernste Sache, man darf nie so tun als ob. Wenn du dir nicht sicher bist, spiel nicht Geschichte. Wenn du nicht bereit bist, bis zum Ende zu gehen, bleib zu Hause und zettel keine Bewegung an. Ruf die Menschen nicht auf die Straße, wenn du nicht weißt, auf welcher Straße und wohin sie gehen sollen, und wenn du nicht bereit bist, selbst voranzuschreiten. Aber hast du sie einmal gerufen, dann schreck nicht zurück, auch nicht vor Opfern, sonst werden es noch mehr Opfer werden, und vor allem werden sie vergebens gewesen sein. Wenn du dich dazu fähig fühlst, dann bereite dich vor. Revolution ist ein Beruf. Wie jeder Beruf mag sie keine Dilettanten. Sich vorbereiten heißt auch, die Sache zu Ende zu denken, ohne Furcht vor den Schlussfolgerungen, die grausamer werden können, als wir alle es uns wünschen.

Kapitel 5

Wie organisiert man die neue Macht: Konstitutionelle oder Verordnungs-Demokratie?

Der gesunde Menschenverstand legt nahe, dass selbst unter günstigsten Umständen alle drei grundlegenden Schritte zur Konstituierung der neuen Macht (Einberufung der konstituierenden Versammlung, Anpassung der Verfassung an die demokratischen Prinzipien und Abhaltung freier Wahlen zu den neuen Machtorganen) nicht an einem Tag, nicht einmal in einem Monat durchzuführen sind. All das braucht mindestens ein Jahr oder mehr. Und das unter günstigen Umständen, die es offensichtlich nicht geben wird.

Wir unterschätzen oft die Trägheitskraft der Gesellschaft. Die Menschen klammern sich gern an das, was sie seit langen Jahren gewohnt sind. Die Folge ist, dass altersschwache Institutionen, die unter der Last von Korruption und Ineffektivität eigentlich von selbst zusammenbrechen sollten, weiterhin funktionieren. Das System beweist eine erstaunliche Vitalität. Wenn aber die Trägheit ausgeschöpft ist (und ewig kann sie nicht anhalten), kommt es zu einem abrupten und schwer zu steuernden Systemzusammenbruch. Je stärker die Trägheit und je länger sie dauert, desto riskanter können die Erfahrungen der Übergangsperiode sein.

Was erwartet jede provisorische Regierung, die vor der Aufgabe steht, Russland einerseits aus der Vergangenheit herauszuholen und andererseits auf die Zukunft vorzubereiten?
1. ein heftiger Anstieg der Armut bei sich verschärfendem Haushaltsdefizit und begrenzten finanziellen Manövriermöglichkeiten
2. Verstärkung der Desintegrationsprozesse und Zunahme von separatistischen Stimmungen

3. Sabotage und Widerstand der alten Eliten, insbesondere der Gewaltorgane

4. Flucht des direkt oder indirekt mit dem alten Regime verbundenen Kapitals

5. Zunahme der Kriminalität, auch wegen der beginnenden Eigentumsumverteilung

6. eine Verschlechterung der internationalen Situation, weil die innere Schwäche unweigerlich eine Verstärkung des Drucks von außen provoziert

Bei einem ungünstigen Zusammentreffen der Umstände vermögen es all diese Faktoren, den »idealen Sturm« zu verursachen. Die provisorische Regierung, ganz gleich, mit welch guten Absichten sie angetreten sein mag, wird sich bald in der Lage einer Regierung der Ausnahmemaßnahmen wiederfinden. Zwei Tagesordnungen werden einander überlagern und gegenseitig behindern: die Realisierung der Umbildung, die darauf abzielt, in Russland die Voraussetzungen für eine stabile verfassungsmäßige Regierung zu schaffen, und die Notfallmaßnahmen, die darauf abzielen, den eroberten politischen Raum zu halten, den Widerstand der alten gesellschaftlichen Kräfte zu unterdrücken und die allgemeine sozialökonomische und politische Situation im Land zu stabilisieren.

Politik ist ein laufender Prozess. Wird dieser Prozess unterbrochen, und sei es nur für wenige Tage, ganz zu schweigen von Wochen und Monaten, dann dringt in die entstandene Lücke unweigerlich das Chaos ein. Wir sprechen hier von einer Periode von ein bis zwei Jahren. Eine Zeit der Wirren und Regierungslosigkeit könnte für Russland ein noch übleres Regime zur Folge haben als das putinsche. Berücksichtigt man das nicht vorher, dann kann irgendjemand die herrenlose Macht einfach in seine Hände nehmen. Ob er sie dann noch teilen will, ist die große Frage.

Der Ausdruck »nach Putin« ist ziemlich abstrakt. »Nach Putin« kann sowohl zu Lebzeiten Putins als auch viele Jahre nach seinem Tod bedeuten. Nicht ausgeschlossen, dass nach Putin genau so ein Putin wie er an die Macht kommt, womöglich in noch bösartigerer Ausführung. Und so kann sich das einige Male wiederholen. Das Regime der Bolschewiki, dem seine Gegner fast jedes Jahr den Sturz voraussagten, hat sich fast 70 Jahre gehalten. Eine andere Sache ist, dass dies nicht ewig so weitergehen kann. Irgendwann fällt die Entscheidung, der Zivilgesellschaft Zutritt zur Politik zu gewähren. Von da an läuft die Übergangszeit.

Der erste Akt sieht immer gleich aus. Wie aus dem Nichts entsteht eine Regierung, die mit der Demontage des alten, streng von oben nach unten errichteten Systems beginnt, und das »Untere« (die Zivilgesellschaft) in den politischen Prozess einbezieht. Diese Regierung hat nicht mehr die »Legitimität der Ruhe«, aber auch noch nicht die neue »Legitimität der Bewegung«. Ihre Lebensdauer ist befristet, und dabei hat sie die schwerste und wichtigste Arbeit zu leisten – den Wandel unumkehrbar zu machen und das Land vor der Zerstörung zu bewahren. Ihre Mission wird erreicht sein, wenn die Regierung der neuen verfassungsmäßigen Mehrheit gebildet ist.

Die historische Erfahrung, sowohl Russlands als auch anderer Länder, zeigt, dass der Vertrauensvorschuss, den die Bevölkerung den demokratischen Kräften gewährt, die mit den Reformen im Land beginnen, höchstens für zwei Jahre reicht. Danach gibt es zwei Möglichkeiten. Entweder muss man abtreten, um die Macht einer neu gewählten Regierung zu übergeben (die ihren Vorgängern nur selten wohlgesinnt ist), oder man behält die Macht mit »revolutionärer Gewalt« und gegen den Widerstand einer immer ablehnender gegenüber den Veränderungen eingestellten Masse.

Daher ist es die historische Mission der provisorischen demokratischen Regierung, die nach dem Ende des Putin-Regimes an die Macht kommt, die demokratischen Prozesse in Russland neu zu starten und alles zur Bildung einer ständigen, das heißt gesetzlich gewählten, verfassungsmäßigen Regierung vorzubereiten. Das Problem ist allerdings, dass sie diese Mission unter widrigsten Bedingungen erfüllen muss. Eine der größten Herausforderungen der Übergangszeit nach jeder Art von langer autoritärer Herrschaft ist der praktisch unvermeidliche Absturz sowohl in der Wirtschaft als auch in der Politik. Deshalb besteht die zweite, nicht minder wichtige Mission der provisorischen Regierung darin, das Versinken der Gesellschaft im Chaos zu verhindern.

Mit hoher Wahrscheinlichkeit lässt sich sagen, dass keine provisorische Regierung in der Lage sein wird, hohe demokratische Standards zu gewährleisten. Mehr noch, in der Anfangszeit wird man womöglich alte dekorative Institutionen wie die Duma oder den Föderationsrat demontieren müssen. Äußerst schwierig wird die Frage der Gerichte werden, denn hier stehen zum einen Unabsetzbarkeit und Unabhängigkeit, zum anderen die Notwendigkeit einer radikalen Säuberung der korrupten Kader des alten Regimes und zum Dritten die Rechte der Straftäter, Verdächtigen und Opfer gegeneinander. Gleichzeitig wird die Regierung die Entwicklung hin zur Demokratie unterstützen und verhindern müssen, dass sich zeitweilige Einschränkungen verfestigen. Sie muss die Einberufung und die reale Tätigkeit der konstituierenden Versammlung, die Verabschiedung einer neuen Verfassung und die Durchführung freier Wahlen sichern.

Eine mögliche Lösung legt uns, so seltsam das erscheint, das jetzige Regime selbst nahe. In seinem Bemühen, die Macht des Führers auf ewig zu sichern, hat es ein quasi-repräsentatives Gremium erfunden und sogar in der Verfassung legalisiert: den Staatsrat. Dieses Organ war als Instrument gedacht, um jegliche Veränderungen vollkommen einzudämmen. Besetzt man es jedoch mit anderen Personen, die nach einem anderen Prinzip ausgesucht sind, wird sich der konterrevolutionäre Mechanismus in einen revolutionären verwandeln.

Der Staatsrat, der sich praktisch auf der Stelle umformatieren lässt, wenn man ihn auf Weisung besagter provisorischer Regierung mit Vertretern der Zivilgesellschaft und der Regionen füllt, kann für eine Übergangszeit zum mäßigenden politischen Machtzentrum werden. Er kann vorübergehend die Funktion eines außergewöhnlichen gesetzgebenden Organs und eines Kontrollorgans für die Tätigkeit der provisorischen Regierung erfüllen. Dabei ermöglicht er eine gewisse verfassungsmäßige Kontinuität zwischen alter und neuer Macht. Der Staatsrat kann provisorische Dekrete erlassen, die die rechts-normative Basis für die Arbeit der Regierung in der Übergangszeit bilden.

In einer solchen Konfiguration »Provisorische Regierung – Staatsrat« muss das Machtsystem so lange arbeiten, bis die konstituierende Versammlung einberufen, ihre Tätigkeit gesichert, eine neue Verfassung und die Wahlgesetze verabschiedet und freie Wahlen zu den neuen, nunmehr verfassungsmäßigen Machtorganen abgehalten worden sind. Für all das sollten nicht mehr als zwei Jahre nötig sein. Andernfalls wird die russische Geschichte in einen neuen totalitären Zirkel eintreten.

Kapitel 6

Wie beendet man den Krieg: Kampf bis zum siegreichen Ende, Kapitulation oder Suche nach einem Kompromiss?

Dieses Kapitel entstand, praktisch fast ein Jahr bevor sich die größte geopolitische Katastrophe Russlands seit hundert Jahren ereignet hat – der Krieg gegen die Ukraine. Und so seltsam das ist, es bedarf fast keiner Korrekturen.

Die Provisorische Regierung, die die Demontage des Regimes zu leisten hat, wird eine Vielzahl von Problemen bewältigen müssen. Aber schon heute ist klar, dass die wichtigste Aufgabe darin besteht, diesen Krieg mit der Ukraine – und de facto dem Westen – zu beenden, in den das Putin-Regime Russland hineingezogen hat.

Der Krieg mit der Ukraine ist nur die Spitze des Eisbergs der globalen Konfrontation mit dem Westen, die so weit getrieben wird, wie die Kräfte reichen. Der Militarismus ist das Wesen des Putin-Regimes. Er hat keine andere Möglichkeit, sich im Inneren zu stabilisieren, als ständig Kriege mit imaginierten äußeren und inneren Feinden zu führen. Der Krieg ist der Preis für die Korruption. Die Bande korrupter Abenteurer, die die Macht in Russland am Anfang des Jahrhunderts an sich gerissen und usurpiert hat, kann sie nicht ohne Krieg halten; sie führt diesen Krieg in ihren engen Clan-Interessen.

In der Theorie gibt es drei Möglichkeiten, einen Krieg zu beenden: siegen, kapitulieren oder eine Kompromisslösung finden. Im jetzigen Krieg mit der Ukraine den Sieg zu erstreben ist verbrecherisch und amoralisch. Es wäre zudem utopisch, wenn wir die reale Natur dieses Kriegs und sein Endziel verstehen, den Westen zu besiegen. Wenn dies dem Regime auf dem Höhepunkt seiner Macht nicht gelungen ist, dann wird es die Provisorische Regierung bei der für die Übergangsperiode natürlichen Rezession und politischen Instabilität erst recht nicht schaffen. Deshalb bleiben als reale Optionen nur zwei Strategien – die bedingungslose Kapitulation oder die Suche nach mehr oder weniger akzeptablen Friedensbedingungen. Das Problem ist allerdings, dass nach all dem, was das Putin-Regime angerichtet hat, die Aushandlung von Bedingungen überhaupt sehr schwierig sein wird.

Es gibt aber noch schwerwiegendere Folgen. Nachdem sie Zeugen der putinschen Aggression geworden sind, werden sehr viele Länder, darunter praktisch alle Nachbarn Russlands, Sicherheitsgarantien in einer Aufteilung Russlands suchen. Die Gefahr, dass Russland zerfällt, ist die ernsthafteste Folge des putinschen Krieges, mit der es die Provisorische Regierung zu tun bekommen wird. Zeit ist das, was diese Provisorische Regierung am wenigsten haben wird. Der einzige Weg, Russland als einheitlichen, souveränen Staat zu erhalten, sind vorauseilende Maßnahmen in jeder Richtung. Dazu gehören vor allem Friedensschlüsse mit allen in den Konflikt hineingezogenen Parteien und eine Föderalisierung des Landes. Die Föderalisierung ist ein Thema für sich, über den Frieden aber ist an dieser Stelle zu sprechen.

Die militärische Niederlage bedeutet die Beendigung des Krieges und die Lösung des Problems der annektierten Gebiete, wie immer sie ausfällt. Dabei wird der Friedensvertrag allein noch nicht bedeuten, dass die Vorkriegssituation wiederhergestellt wird. Die Spaltung zwischen unseren Völkern, zwischen Russland und Europa ist sehr tief, und keine Regierung wird in der Lage sein, sie in kurzer Zeit zu überwinden. Erst recht nicht die Provisorische Regierung, der die volle Legitimität, die notwendige Zeit und das Vertrauen fehlen. Die unausweichliche ökonomisch-politische Krise als Folge der militärischen Niederlage und des dramatischen wirtschaftlichen Zusammenbruchs wird die Provisorische Regierung dazu zwingen, entweder die dringendsten Aufgaben mit allen verfügbaren Ressourcen zu lösen oder aber selbst zu stürzen und Nationalradikalen und sonstigen Populisten zu weichen. Gleichzeitig wird die Regierung der Ukraine gezwungen sein, ebenso hartnäckig Mittel für den Wiederaufbau ihres Landes zu fordern, und eine einfache Antwort, wie hier zu verfahren ist, gibt es nicht. Heute kann man mit großer Sicherheit sagen, dass die blockierten Mittel von 300 Milliarden Dollar, einschließlich der ausländischen Aktiva putinscher Oligarchen, höchstwahrscheinlich und leider völlig gerechtfertigt zur Beseitigung der Kriegsfolgen verwendet werden. Ich würde mich sehr wundern, wenn die Ukraine sich damit zufriedengibt. Gleichzeitig werden die Bewohner Tatarstans und des Fernen Ostens, Woroneschs und Transbaikaliens wohl kaum ihre Zustimmung dazu geben, dass sie – und nicht die putinschen Oligarchen – noch weiter verarmen sollen.

Hier kann man zum zweiten Aspekt des Problems der Restitution übergehen: dem politischen. Wird sie in der russischen Gesellschaft selbst populär sein, zumindest in dem Teil, der bereit ist, die Provisorische Regierung in ihrem Bestreben nach Demontage des Putin-Regimes zu unterstützen? Wohl kaum. Besonders wenn sich die humanitären Folgen der Restitution sofort bemerkbar machen. Mit hoher Wahrscheinlichkeit wird sie zu akut wachsender Unzufriedenheit führen, und das werden die Kräfte der Reaktion unverzüglich nutzen. Im Ergebnis wird die Provisorische Regierung sich nicht einmal wenige Monate an der Macht halten können. Politik ist die Kunst des Möglichen. Auf diese einfache Weise aus dem von Putin entfesselten Krieg mit dem Westen herauszukommen – durch das Eingeständnis, dass wir im Unrecht waren und alles zurückgeben – wird vermutlich nicht gelingen.

Offensichtlich kann das einzig erfolgreiche Szenario nicht im Rückzug, sondern nur in einem Schritt nach vorn bestehen. Es verlangt zweifellos Mut, die Fehler einzugestehen und die Dinge beim Namen zu nennen, Verbrechen als solche zu bezeichnen. Wer für Verbrechen verantwortlich ist, muss mit voller Härte zur Verantwortung gezogen werden. Ein Ausweg aus der Situation wird nur gefunden werden, wenn die heute entstandene neue Realität anerkannt wird. Das ist keine einfache Aufgabe: In jedem einzelnen Fall muss das Gleichgewicht zwischen Wiederherstellung der alten Gerechtigkeit und der Entstehung einer neuen Ungerechtigkeit, zwischen der Anerkennung des politisch Notwendigen und dem Verzicht auf das politisch Unmögliche gefunden werden.

Ein wahrscheinlicher Kompromiss in der Übergangszeit wird es schon sein, das Problem als solches anzuerkennen und nach einer Lösung zu suchen. Die Abkehr vom putinschen Erbe bedeutet leider nicht, dass man es einfach ignorieren könnte. Der Krieg ist eine neue Realität. Man kommt aus ihm nur auf organisierte und durchdachte Art und Weise heraus.

Kapitel 7

Wie unterdrückt man die innere Konterrevolution: Lustration oder Besserung?

Der Machtantritt der Provisorischen Regierung führt nie und nirgends zum sofortigen Verschwinden jener Kräfte, die mit dem alten Regime verbunden sind. Mancher wird von der Macht entfernt werden, viele aber bleiben. Und sie bleiben nicht nur einfach, sondern sie behalten ihr Geld, ihr Gefolge, ihre Beziehungen und ihr sonstiges ökonomisches und soziales Kapital. Sie – genauer gesagt, ihre zweite und dritte Reihe – werden auch den geeigneten Moment abwarten, um ihre Positionen zurückzuerobern. Deshalb hat jede neue Macht dafür zu sorgen, dass sie von der alten nicht zerdrückt wird. Aber wie lässt sich das erreichen? Wo sind die Grenzen der notwendigen politischen Verteidigung zu ziehen? Welche Linie darf man nicht überschreiten, ohne dass die Abwehr des alten Terrors zur Entstehung von neuem Terror führt? Wann ist es mit der Unterdrückung der inneren Konterrevolution genug?

Nach den samtenen Revolutionen in Europa sind auch samtene Lustrationen in Mode gekommen. Sie waren weniger gründlich und sehr viel schonender, was den Druck auf die Vertreter der alten Eliten anging. Ganze soziale Schichten wurden von der Lustration ausgenommen. Es ging jetzt um Personen, die direkt mit dem Regime zusammengearbeitet oder in seiner Hierarche eine besondere Position eingenommen hatten. Das konnten Beamte sein (in erster Linie natürlich Mitarbeiter der Sicherheitsorgane und Geheimdienste), Richter, Geheimagenten und vergleichbare Kategorien. Die Liste der Betroffenen mochte sich von Land zu Land unterscheiden, das Prinzip aber blieb das gleiche – von der Repression gegen ganze soziale Schichten ging man über zu solchen gegen spezifisch berufliche und soziale Kategorien.

Natürlich werden sich im heutigen Russland nur wenige finden, die sich den »Roten Terror« zurückwünschen. Aber was die weichen Beschränkungen – wie in Osteuropa oder einigen Ländern des postsowjetischen Raums – angeht, herrscht eine andere Meinung vor. Ein erheblicher Teil der liberalen Intelligenz würde heute eine solche Maßnahme begrüßen. Dabei argumentiert man vor allem mit der Vergangenheit: In den Neunzigerjahren haben wir das versäumt – ihr seht ja, was daraus geworden ist. Doch bevor man sich fragt, ob das sinnvoll wäre, ist zunächst zu klären, ob es in Russland prinzipiell möglich ist. Und diese Frage ist nicht so einfach zu beantworten, wie man denkt.

Die sogenannte weiche Lustration zielt vor allem darauf ab, die automatische Reproduktion der Nomenklatura einer ziemlich geschlossenen Schicht von Staatsbediensteten zu durchbrechen, der es auf verblüffende Weise gelungen ist, ihre Positionen innerhalb jedes beliebigen Apparats nach jeder beliebigen Revolution zu restituieren. Beispiele gibt es viele, und sie alle zeigen, dass keine Lustration, jedenfalls nicht in den Ländern der ehemaligen UdSSR, dieses Problem lösen konnte.

Es gibt einen Ausweg. Tatsächlich können ein und dieselben Menschen unter völlig verschiedenen Bedingungen ganz unterschiedliche Resultate ihrer Tätigkeit zeigen. Die Aufgabe muss darin bestehen, nicht die Menschen, sondern die Matrize zu ändern, die die Parameter ihres Verhaltens bestimmt. Diese Aufgabe wiederum zerfällt in zwei große Teilaufgaben: die Entfernung der »Musterschüler« aus der Matrize und den Ausschluss inakzeptabler sozialer und politischer Praktiken.

Hier mag ein stärker personenbezogenes Herangehen nützlich sein, das es erlaubt, die widerwärtigsten Figuren für einige Zeit aus dieser Infrastruktur auszuschließen. Gemeint sind damit selbstverständlich nicht jene, gegen die ausreichende Beweise für schwere Straftaten vorliegen. Solche Personen müssen unter Wahrung aller verfassungsmäßigen Garantien vor Gericht gestellt werden.

Vielmehr geht es um Personen, die nicht im Verdacht besonders schwerer Verbrechen stehen, die aber als Schlüsselfiguren für das Funktionieren des verbrecherischen Regimes wichtig waren. Es geht um die Sponsoren, Propagandisten, Leiter der entscheidenden Abteilungen im Unterdrückungsapparat. Sie alle vor Gericht zu stellen wäre sehr aufwendig, wenn es denn überhaupt möglich ist; ihnen die weitere politische Betätigung zu erlauben wäre gefährlich. Einen Ausweg bilden gezielte persönliche Sanktionen, die auf jeden Fall humaner sind als eine Lustration nach beruflichen und sozialen Merkmalen. Es geht hier um eine Art »internen Magnitski-Act«, der es erlaubt, die »Musterschüler« des Regimes zeitweise aus der gesellschaftlichen Infrastruktur zu entfernen.

Somit ist eine Balance zu wahren: einerseits die neue Macht zu schützen und keine Restauration des Regimes zuzulassen, andererseits eine Spaltung der Gesellschaft und einen Bürgerkrieg zu vermeiden (was ebenso zur Restauration führt, nur mit etwas Verzögerung). Die Lustration ist kein Dogma, sondern eine allgemeine Idee, deren praktische Umsetzung sich an den Umständen von Ort und Zeit orientieren muss. Die Lustration als Selbstzweck hat nichts Gutes zur Folge und schützt vor keiner Art von Konterrevolution.

Kapitel 8

Wie kontrolliert man den »Mann mit dem Gewehr«: Partei oder Organe?

Jede Provisorische Regierung wird sich in den ersten Tagen vor dem ungeheuren Problem sehen, den »Mann mit dem Gewehr« – oder wie man heute zu sagen pflegt: die Gewaltorgane, d. h. Polizei- und Sicherheitsorgane – unter Kontrolle zu bekommen. Mittlerweile sind sie in ein geschlossenes System gesperrt, in dem jeder den anderen beobachtet und Putin persönlich sie alle zusammen. Sobald aber Putin verschwindet, wird dieser Kreis sich öffnen, und Dutzende, wenn nicht Hunderte bewaffneter und organisierter, zerstreuter Gruppen werden sich selbst überlassen sein. Sie können die Autorität der Provisorischen Regierung anerkennen, sie können sich aber auch auf die Seite der Reaktion schlagen oder versuchen, selbst zu einer eigenständigen Kraft zu werden, obwohl Letzteres in Russland in Ermangelung einer entsprechenden Tradition wenig wahrscheinlich ist.

Sollten sich die Ereignisse nach diesem Szenario entwickeln, werden sie unweigerlich eine Vielzahl negativer Folgen zeitigen. Am schwerwiegendsten zählt ein konterrevolutionärer Umsturz oder das Abgleiten in den Bürgerkrieg mit der Aussicht auf den Zerfall des Staates in einzelne Teile. Deshalb ist es für die Provisorische Regierung vom ersten Augenblick an eine Sache von Leben und Tod, die leitenden und mittleren Kommandeure der Gewaltstrukturen ihrem politischen Willen zu unterwerfen. Wie gut eingespielt das System der demokratischen Institutionen auch sein mag, diese Frage wird beim geringsten Störfall in den Vordergrund treten. Man erinnere sich nur daran, wie viel Kraft es beide Konfliktparteien in den demokratischen USA gekostet hat, sich mit dem Verteidigungsministerium und den Stabschefs abzustimmen, als es darum ging, ob man an dem Tag, als Trumps Anhänger das Kapitol stürmten, die Nationalgarde nach Washington schicken sollte.

In jedem Fall hat die Provisorische Regierung in den ersten Stunden ihrer Amtsführung ein »Vertrauensvotum« unter den Gewaltorganen durchzuführen und von ihnen die vollständige Anerkennung ihrer Legitimität zu verlangen. Ist diese Anerkennung sofort zu bekommen, löst dies das Problem und gestattet es, die politische Kontrolle über die Gewaltstrukturen etappenweise auszubauen. Sollten jedoch Zweifel oder gar Widerstand gegen die Provisorische Regierung aufkommen, dann ist hart durchzugreifen bis hin zur physischen Neutralisierung derjenigen, die die Vollmachten der Regierung nicht anerkennen (im besten Falle durch die Verhaftung, was auch keine leichte Aufgabe ist). All das ist möglich, all das ist in der Geschichte mehr als einmal gemacht worden und kann nicht anders gemacht werden. Entweder zeigt die neue Macht von Anfang an, wer der Herr im Hause ist, oder sie wird vernichtet – wenn nicht sofort, dann mit etwas Verzögerung. Politik ist ein hartes Geschäft, und das nicht zu sagen hieße, die Dinge nicht beim Namen zu nennen. Hierüber muss offen gesprochen werden, denn der neuen Politik sollte gnadenlose Ehrlichkeit zugrunde liegen.

Ohne Gewaltanwendung in mehr oder weniger sanfter Form kommt keine Revolution aus. Doch kann die Anwendung von Gewalt die Gesellschaft auch schnell in einen neuen autoritären Zirkel treiben. Diese verfehlte Praxis muss irgendwie unterbrochen werden, sonst wird der Terror nie enden. Ein Schritt dorthin ist meiner Meinung nach die Einigkeit darüber, dass die neue Macht von Anfang an bestrebt sein muss, den Entscheidungsprozess über repressive Maßnahmen zu dezentralisieren.

Das ist das Wichtigste. Über die Details kann man sich später einigen. Eine Variante habe ich oben beschrieben – Entscheidungen zur Führung der Gewaltstrukturen sind auf Empfehlung der

Provisorischen Regierung von einem Sonderausschuss des Staatsrats zu fällen. Das ist eine provisorische Konstruktion, aus der mit der Zeit eine vollwertige verfassungsmäßige Gewaltenteilung hervorgehen wird. Unternimmt man aber in dieser Hinsicht gar nichts, dann kann außer Gewalt und Terror unter neuen Losungen nichts entstehen.

Kapitel 9

Wie schafft man einen öffentlichen Dienst: Schlechte eigene Leute oder gute Fremde?

Es gibt eine Reform, mit der man nicht warten darf – die Verwaltungsreform. Man sollte meinen, in der Übergangsperiode habe die Provisorische Regierung eine Vielzahl unaufschiebbarer Aufgaben. Doch um überhaupt etwas angehen zu können, braucht man ein funktionsfähiges Werkzeug. Wenn die Regierung keinen effektiv funktionierenden Staatsapparat zur Verfügung hat, wenn alle ihre Verfügungen in einem bürokratischen Sumpf versinken, dann wird sie sich mit anderen Aufgaben gar nicht erst beschäftigen können.

Die Frage der Qualität des Apparats der zukünftigen Macht erscheint so lange zweitrangig, wie diese Zukunft nicht angebrochen ist. Vielleicht steht sie deshalb heute nicht im Mittelpunkt der öffentlichen Aufmerksamkeit, aber nach jedem Machtwechsel wird dieses Thema sehr rasch brandaktuell, und es bleibt keine Zeit für seine Behandlung. In der Regel muss die neue Macht dann auf die Hilfe des alten Staatsapparats zurückgreifen. Um das zu vermeiden, ist es sinnvoll, sich schon vorher auf die Grundsätze der Behandlung des Problems zu einigen.

Das Problem der Effektivität des Staatsapparats bewegt in oppositionellen Kreisen deshalb so wenige, weil hier die Überzeugung vorherrscht, die russische Macht kranke nur an zwei Übeln – am Fehlen von Demokratie und an der Korruption. Viele glauben aufrichtig, man müsse nur wenigstens eines der beiden lösen, schon würde sich der Rest von selbst fügen. In Bezug auf den Staatsaufbau bleibt die russische Opposition der alten russischen Tradition des Treibenlassens treu: Wenn die Demokratie erst einmal triumphiert hat, wird auch die Korruption verschwinden – und alles wird gut.

Die Wurzeln dieser Einstellung sind leicht zu erkennen. Solange die Opposition vor allem gegen ein autoritäres Regime zu kämpfen hat, das außerdem dazu neigt, in den Neototalitarismus abzugleiten, ist die Demokratisierung der erste Tagesordnungspunkt. In einem gewissen Sinne stimmt das auch. Doch was heute nicht aktuell ist, wird schon morgen zu einem Hauptproblem, wenn die Provisorische Regierung antritt, ihre Pflichten zu erfüllen. Ob die neue Macht ihre Überlebensfähigkeit und ihre Überlegenheit gegenüber der alten beweisen kann, wird auch davon abhängen, wie gut und schnell sie eine neue staatliche Verwaltung aufzubauen vermag.

Zugleich ist das beispiellose Ausmaß der Korruption in Russland, entgegen der landläufigen Meinung, kein absolutes Hindernis, um im Land einen effektiven und modernen öffentlichen Dienst aufzubauen. Im Gegenteil: Genau mit dem Beginn der Einrichtung eines solchen Dienstes wird der erste Schritt getan, um die Korruption in Russland zu überwinden. Gewiss, die Korruption als solche lässt sich in keiner Gesellschaft vollständig ausrotten. Wir sehen, wie verbreitet sie im Westen ist, und auch, wie aktiv das Putin-Regime diese Tatsache nutzt, um seinen Einfluss auszuweiten. Doch das extreme Niveau der Korruption zu senken, das wir heute in Russland beobachten, dazu ist die Provisorische Regierung sehr wohl in der Lage. Deshalb sollte man die Korruption nicht zu einem unüberwindlichen Hindernis und zum Hauptproblem stilisieren.

Woher aber nimmt man die hoch qualifizierten Spezialisten für den öffentlichen Dienst? Hier stößt man auf ein bekanntes Dilemma. Man kann die eigenen Leute nehmen, diejenigen, die gerade zur Hand sind, und versuchen, sie im Prozess der Arbeit auszubilden. Oder man überwindet seine Phobien und öffnet den öffentlichen Dienst für Ausländer mit entsprechender Erfahrung.

Ein nüchterner Blick auf die Geschichte Russlands zeigt, dass alle umwälzenden, schicksalhaften Reformen auf genau diesem Wege durchgesetzt wurden. Der Stolz des jetzigen Regimes, die russische Armee, wurde von ausländischen Spezialisten unter Peter dem Großen aufgebaut. Auf gleiche Weise sind in der Epoche der Industrialisierung jene Betriebe entstanden, die heute die Armee mit Rüstung versorgen. In Umbruchszeiten hat sich die russische Regierung nie gescheut, Ausländer in Dienst zu stellen, wenn es der Sache dienlich war, und dieser Schritt hat sich in der Regel bewährt.

Das legt folgenden Schluss nahe: Man muss auf beide Möglichkeiten zurückgreifen: die eigenen Leute ausbilden, wann immer und wie immer möglich, aber solange sie noch lernen, ohne Scheu und Bedenken auch Fremde einstellen. Wenn wir die Qualität des öffentlichen Dienstes in Russland rasch verbessern wollen, müssen wir ausländischen Spezialisten die Tore öffnen. Selbstverständlich muss man dabei vernünftige Vorsicht walten lassen, aber einen anderen Ausweg sehe ich heute nicht, besonders in jenen Bereichen, in denen einheimische Erfahrung so gut wie nicht vorhanden ist. Dabei geht es gar nicht um so viele Leute. Ich denke, wir werden 3000 bis 5000 Spezialisten im zentralen Apparat und noch einmal die Hälfte in den Regionen brauchen. Dabei sind die Fehler der Gorbatschow- und Jelzin-Zeit zu vermeiden. Eingeladen werden sollten die tatsächlich besten, professionellen Verwaltungsspezialisten, keine »smarten Chicago-Boys«. Man sollte es sich etwas kosten lassen, die fortschrittlichsten Manager zu holen, die keine theoretische, sondern praktische Verwaltungserfahrung haben und aus internationalen Konzernen und Regierungsapparaten in aller Welt kommen. Ihnen muss man die Möglichkeit geben, bei uns zu arbeiten und diejenigen auszubilden, mit denen sie gemeinsam tätig sind. Ich schätze, das Ganze wird fünf, höchstens zehn Jahre benötigen.

Ein Staatsdienst, der sowohl von der Politik als auch vom Kommerz getrennt ist, muss in Russland im Grunde aus dem Nichts erschaffen werden. Um das zu erreichen, müssen wir, wie schon oft in der Geschichte unseres Landes, Ausländer in den Staatsdienst holen, die über die für uns notwendigen Kenntnisse und Erfahrungen verfügen. Uns wird das übrigens leichter fallen als den Vorgängern. Das Putin-Regime hat Zigtausende talentierter Menschen aus Russland vertrieben, die in westlichen Konzernen eine vorzügliche Ausbildung erhalten haben und unter geeigneten Umständen in ihre Heimat zurückkehren könnten.

Kapitel 10

Was ist unter der »linken Wende« zu verstehen: Sozialstaat oder sozialistischer Staat?

Um diese Frage zu klären, sollte zunächst einmal definiert werden, wo rechts und wo links ist – keine leichte Aufgabe in unserer heutigen Welt. Wir beobachten, wie rechte Politiker sich überall, nicht nur in Russland, die linke Tagesordnung zu eigen machen. Ein klassisches Beispiel dafür ist Donald Trump mit seiner eklektischen Rhetorik. Die Grenzen zwischen rechts und links sind heute verschwommen, die Kriterien verloren gegangen. Um Klarheit in diese Frage zu bringen, sollte man sich auf die Hauptsache konzentrieren und nicht in Einzelheiten verlieren. Und die Hauptsache ist meiner Meinung nach die soziale Ungleichheit. Führt der politische Kurs im Ergebnis zu einem Anstieg der sozialen Ungleichheit, dann ist es ein rechter Kurs, egal, von welcher linken Rhetorik er orchestriert wird; trägt er dagegen zum Abbau der sozialen Ungleichheit bei, ist es ein linker Kurs.

Über die soziale Ungleichheit in der Epoche des Putinismus sollte man vor allem wissen, dass sie in hohem Maße von außerökonomischen Faktoren verursacht ist. Es handelt sich überwiegend um eine künstlich geschaffene und von politischer Gewalt unterstützte Ungleichheit. Bekämpfen lässt sich diese Ungleichheit somit nur auf eine Weise: Die politischen Faktoren, die sie erzeugen, müssen beseitigt werden. Deshalb wirken alle Propaganda-Bemühungen des Kremls zur Bekämpfung der Armut wie purer Hohn. Die Hauptvoraussetzung für den effektiven Kampf gegen die Armut in Russland ist die Beseitigung dieses Regimes, denn es erzeugt und vervielfältigt erst die besagte Armut durch seine Existenz. Es funktioniert wie eine riesige Pumpe, die Geld aus den Taschen von Millionen in die Taschen der putinschen Millionäre saugt.

Vergleicht man die Einnahmen, die das Putin-Regime heute aus der Ressourcenrente bezieht, sehr grob mit den Ausgaben für die Altersrenten, die der Staat zu sichern nicht in der Lage ist, so sind beide ungefähr gleich. Der Ausgabenseite lassen sich noch die Kosten der Krankenversicherung zuschlagen, die zu decken der Staat ebenfalls Schwierigkeiten hat, weshalb er die Leistungen ständig kürzt. Wenn das so ist, wäre es dann nicht einfacher, unter Umgehung der Zwischenstadien, die Einnahmen aus der Ressourcenrente – das heißt den Übergewinn aus dem Verkauf von Rohstoffen, vor allem Öl und Gas – direkt auf die Renten- und Krankenversicherungskonten der Bürger zu überweisen, von denen im Versicherungsfall (Renteneintritt oder Krankheit) die Leistungen für die Betroffenen bezahlt werden? Und zwar angemessene Leistungen, keine Brosamen, die gerade einmal vor dem Hungertod bewahren.

Diese Sparkonten für die Renten- und Krankenversicherung müssen mit der Geburt eröffnet und bis zum Tod des Versicherten geführt werden. Das wäre dann ein wirkliches Privileg der russischen Staatsbürgerschaft und kein scheinbares Symbol der Teilhabe an den Taten eines großen Landes. Russischer Staatsangehöriger zu sein muss künftig das Privileg bedeuten, nicht in zahllosen und sinnlosen Kriegen für »Rotenbergs Paläste« zu sterben, sondern auch im Alter würdevoll zu leben. Heute verschwindet die Ressourcenrente in einer »Blackbox«, in der sie dann auf empörendste Art und Weise an die Nutznießer des Putin-Regimes verteilt wird. Wir müssen diese Box transparent machen, damit jeder Bürger sieht und versteht, was mit dem Nationalvermögen geschieht, das von den Vorfahren auf uns gekommen ist.

Der Sozialstaat hat, im Unterschied zum sozialistischen Staat, nicht den Ehrgeiz, alle gleichzumachen, um dann diejenigen herauszuheben, die »gleicher« sind als die anderen. Sein Ziel ist, jedem gleiche Chancen für Entwicklung und Erfolg zu bieten. Hätte ich diesen Text vor 15 oder 20 Jahren geschrieben, hätte ich an dieser Stelle gewiss einen Punkt gesetzt. Nach all meiner späteren Erfahrung möchte ich ein Komma setzen. Gleiche Chancen sollten all diejenigen bekommen, die auch bereit sind, sie zu nutzen. Wer das nicht tun kann oder will, der sollte Mindestgarantien erhalten. Ohne diese humanitäre Komponente kann kein Sozialstaat, besonders in Russland, auf Dauer existieren.

Kapitel 11

Wie erreicht man wirtschaftliche Gerechtigkeit: Nationalisierung oder ehrliche Privatisierung?

Ohne wirtschaftliche Gerechtigkeit lässt sich soziale Gerechtigkeit nicht in vollem Umfang wiederherstellen.

Wirtschaftliche Gerechtigkeit im weiteren Sinne ist das wichtigste Element der sozialen Gerechtigkeit. Im engeren Sinne bedeutet sie nicht so sehr Gleichheit bei der Verteilung des nationalen Reichtums als vielmehr gleichen Zugang zu den wichtigsten Mitteln seiner Produktion. Wirtschaftliche Gerechtigkeit ist also das, was den Menschen gleiche Chancen gibt, reich zu werden.

Deshalb war und ist die Eigentumsfrage, das heißt die Frage, in wessen Händen und auf welcher Grundlage die grundlegenden Produktionsmittel des nationalen Reichtums liegen, immer von elementarer Bedeutung für die Gesellschaft. Keine Regierung, die auf das Putin-Regime folgt, wird diese Frage ignorieren können.

Es bedarf keiner Erklärung, dass die Privatisierung, die in den 1990er-Jahren in Russland begann und in Wahrheit bis heute nicht abgeschlossen ist, die wirtschaftliche Gerechtigkeit beschädigt hat, indem sie auf einen Schlag eine tiefgreifende und schwer zu beseitigende Ungleichheit für den Zugang unterschiedlicher Gesellschaftsschichten zu den wichtigsten Produktionsmitteln schuf.

Hauptprofiteur der Anfang der Neunzigerjahre begonnenen Privatisierung ist nach den zwanzig Jahren seiner Herrschaft Putin. Als sie an die Macht kamen, haben er und ein enger Kreis von Vertrauten, die zum Teil direkt mit dem kriminellen Milieu verbunden waren, nicht einzelne Objekte, ja nicht einmal die Wirtschaft, sondern den Staat als Ganzes privatisiert. Sie machten ihn zum Werkzeug ihrer persönlichen Bereicherung, das kollektiv benutzt wurde.

Diese mafiöse Eigentumsstruktur ist unvereinbar mit jedem Anspruch, in Russland eine Art normaler Staatlichkeit aufzubauen, der das Prinzip der Gerechtigkeit zugrunde läge. Sie wird jeden Versuch dazu behindern und die Bemühungen jeder Regierung zunichtemachen, selbst wenn sie absolut aufrichtig gemeint sind.

Das gesamte Eigentum der kriminellen Gesellschaft, die sich in Russland als Regierung bezeichnet, muss unter dem neuen Regime enteignet werden. Alternativen zu solch einem harten Durchgreifen sehe ich persönlich nicht. Ausmaß und Begründung einer solchen Enteignung sind in der Zukunft ausführlich zu diskutieren, aber sie werden weitreichend sein. Für eine Zwischenzeit muss dieses Vermögen in eine Stiftung unter öffentlicher Kontrolle verlagert werden.

Dorthin gehört auch das »erbenlose« Vermögen – die Unternehmen, die von den staatsabhängigen Clans kontrolliert werden, im Grunde seit Langem bankrott sind und sich nur dank der direkten und indirekten Subventionen aus dem Staatshaushalt halten können. Nach meinen Schätzungen summiert sich beides zu einem erheblichen Betrag – bis zur Hälfte des konsolidierten Nationalvermögens zum heutigen Datum.

Die Aufgabe der Übergangsregierung besteht nun darin, der Gesellschaft wieder die direkte Kontrolle über ihren nationalen Reichtum zurückzugeben und das parasitäre Eigentum der kriminellen Gemeinschaft aufzuheben. Wird sie dieser Aufgabe nicht gerecht, dann kann sie nicht hoffen, von der Gesellschaft auch das Mandat für alles Übrige zu bekommen.

Teil II
Wie vermeidet man es, einen neuen Drachen heranzuzüchten?

Bei genauem Hinsehen handelt es sich bei dem Drachen gar nicht um eine bösartige Persönlichkeit, sondern um eine Allegorie des Staates. Eines Staates, bei dem drei Köpfe –Legislative, Exekutive und Judikative – fest am fetten, korrupten Rumpf des allmächtigen bürokratischen Apparats sitzen, der dank der Einigkeit seiner Köpfe die zersplitterte Gesellschaft drangsalieren kann. Um der Gesellschaft wieder die Kontrolle über den Staat zu verschaffen, ist einerseits diese Gesellschaft in der Idee der Zivilbürgerschaft zusammenzuschweißen (das heißt, aus der Masse ist eine Zivilgesellschaft zu schmieden), andererseits sind alle drei Herrschaftsköpfe vom bürokratischen Rumpf loszureißen, damit sie künftig getrennt existieren.

Das ist keine leichte Aufgabe, denn in den vielen Jahrhunderten der russischen Selbstherrschaft sind die Köpfe so fest am absolutistischen Rumpf angewachsen, dass weder sie selbst noch Umstehende eine Ahnung haben, wie man sie unabhängig machen soll. Die Übergangsperiode soll gerade das Verständnis dafür ermöglichen, wie das zu bewerkstelligen wäre. Andernfalls wird es keine Übergangsperiode sein, sondern lediglich eine Transplantation von Drachenköpfen. Der Wirtsrumpf wird das überleben und nach kurzer Rehabilitation an die Ausübung seiner Pflichten zurückkehren. Damit das nicht geschieht, muss die Gesellschaft die Verantwortung für die Lösung der schwierigsten Dilemmata übernehmen, vor die die russische Geschichte sie je gestellt hat.

Kapitel 12

Zivilisatorische Wahl: Imperium oder Nationenstaat?

Das letzte halbe Jahrtausend – schon seit den Zeiten von Iwan dem Schrecklichen – existiert Russland als Imperium, das heißt als ein Land, dessen Bestandteile sich in ihrer Kultur und sozialpolitischen Verfassung unterscheiden und die beileibe nicht vom Wunsch nach Zusammenleben, sondern durch militärische Gewalt zusammengehalten werden.

Alle heute lebenden Generationen und Dutzende vor ihnen haben nie etwas anderes gekannt als das Imperium und nie eine andere Form der politischen Existenz in Betracht gezogen. Und wenn das Imperium einmal schwächelte, folgte darauf gewöhnlich eine Zeit der Wirren, der inneren Zerrüttung und des Bürgerkriegs, die mehr Elend brachte als alle Mängel des Imperiums zusammengenommen. Die Wirren endeten jedes Mal mit der Entstehung neuer Imperien, die sich als noch geltungssüchtiger und kriegslüsterner erwiesen.

Zudem glauben sie nicht an sich selbst, halten sich für unfähig, ohne den »Zaren« zu leben (egal, wie er sich gerade nennt: Imperator, Generalsekretär oder Präsident), mit seiner eisernen Faust, seinen Polizisten, seiner Armee, seinen Beamten. Sie glauben den Verheißungen jener nicht, die sie zu Freiheit und Demokratie rufen, weil ihnen genetisch eingebläut ist: Die Alternative zum Imperium sind Wirren, Zerrüttung, Chaos.

Russland steht an einem zivilisatorischen Scheideweg. Die Entscheidung zwischen Imperium und Nationalstaat ist eine fundamentale, zivilisatorische; sie wird die Antwort auf Dutzende weiterer, ebenfalls nicht einfacher, doch weniger globaler Fragen vorausnehmen, mit denen sich die russische Gesellschaft am Anfang des 21. Jahrhunderts konfrontiert sieht. Wird diese Entscheidung nicht jetzt und nicht richtig getroffen, dann werden unsere Kinder und Enkel keine Wahl mehr haben.

Meine Entscheidung für Russland fällt für den Nationalstaat, für die Zukunft und nicht für die Vergangenheit.

Das Russland meiner Träume ist eine durch innere zivilisatorische Einigkeit gefestigte Verbindung von Menschen (durchaus unterschiedlicher ethnischer Herkunft), denen die Gemeinsamkeiten wichtiger sind als das Trennende; nicht das Imperium, das vom militärisch-bürokratischen Stahlring zusammengehalten wird wie ein morsches altes Fass. Ich schließe nicht aus, dass das Russland unserer Kinder noch mit Mühe und Not in der imperialen Hülle fortdauern könnte. Wenn wir jedoch das Russland unserer Enkel sehen wollen, dann brauchen wir einen anderen Staat, der von dem realen, nicht vorgegebenen Wunsch der Menschen getragen wird, innerhalb eines gemeinsamen sprachlichen, kulturellen, rechtlichen und politischen Raums zusammenzuleben.

Ich lehne die Nostalgie nach dem Imperium ab, egal, ob sie offen daherkommt oder pseudodemokratisch und pseudoliberal bemäntelt wird. Die Schaffung der russischen Staatsnation ist eine ungeheure historische Aufgabe, an der sich das russische Volk und andere Völker Russlands schon mehr als ein Jahrhundert hartnäckig, aber nicht folgerichtig genug versuchen und die mit den Kräften der heute lebenden Generationen endgültig gelöst werden muss. Die historischen Rahmenbedingungen sind so, dass wir diese Aufgabe nicht mehr weiter aufschieben können – heute oder nie. Wir oder niemand.

Die Einheit der politischen Nation ist, im Unterschied zur Einheit der »politischen Nationalität«, primär: Nicht vom Staat wird sie geschaffen, sondern erst sie erschafft den Staat, sie konstituiert ihn. Eben daraus bezieht ein Staat, der von der Nation geschaffen wird (anders als ein Staat, der das Volk kontrolliert) seine reale Verfassungsmäßigkeit. Damit ein solcher Staat entsteht, ist der

Konsens (die Einigkeit) einer Mehrheit über die Grundwerte und die Prinzipien des gesellschaftlichen Aufbaus nötig. Der Mensch, der die Grundprinzipien der Verfassung als seine eigenen Überzeugungen akzeptiert und bereit ist, sie mit der Waffe in der Hand zu verteidigen, wird zum Bürger, und das aus solchen Bürgern gebildete Volk wird zur Nation.

Somit erfordert die Schaffung eines Nationalstaates in Russland drei aufeinanderfolgende wichtige historische Schritte:

- Erster Schritt: Kategorische Abkehr vom imperialen Paradigma und Gewährung freier Wahl für die Völker Russlands.
- Zweiter Schritt: Der Gründungsakt des neuen Russland – die Annahme jenes Beschlusses, den die von den Bolschewiki auseinandergejagte konstituierende Versammlung vor hundert Jahren nicht hat fassen können. Womöglich ist dafür eine neue konstituierende Versammlung einzuberufen, indem man eine »schlafende Norm« der geltenden Verfassung anwendet.
- Dritter Schritt: Durchführung einer radikalen Verfassungs- und Gerichtsreform mit dem Ziel, die politische und rechtliche Infrastruktur für den russischen (oder russländischen) Nationalstaat zu schaffen.

Der Nationenstaat ist der Staat aller Völker Russlands, die den Wunsch und Willen äußern, ihn mitzubegründen. Er hat nichts mit einem Staat gemein, der bestimmte Abstammungen oder Konfessionen privilegiert. Er kann aber auch die einfache Tatsache nicht ignorieren, dass der politische Raum, auf dem er entstand, unter tätiger Beteiligung des russischen Volkes und auf der Grundlage seiner Kultur gebildet worden ist.

Das Russland meiner Träume werden Bürger neu begründen, die ihr Leben selbst und gemeinsam in die Hand nehmen wollen. Menschen, denen die nationalen Belange wichtiger sind als ihre standesmäßigen, korporativen oder abstammungsmäßigen Interessen. Menschen, die lieber gemeinsam als getrennt leben.

Kapitel 13

Die geopolitische Wahl: Supermacht oder nationale Interessen?

Wenn man über den Moskauer Ring hinauskommt, findet man sich in der Regel sehr bald in einem völlig anderen Land. Während Moskau in Bezug auf Wohlstand und Komfort mit jeder beliebigen europäischen Hauptstadt mithalten kann, wirkt dieses andere Russland, in dem 120 Millionen Russländer leben, wie die Kulisse eines Nachkriegsfilms über das zerstörte Europa. Man will gar nicht glauben, dass man das Siegerland eines Krieges vor sich hat, des schrecklichsten und blutigsten Krieges in der Geschichte der Menschheit.

Ursachen dafür gibt es viele. Da sind zu nennen: die Verwaltungsinkompetenz, der grassierende Diebstahl, der Monopolismus, aber auch die grundsätzlich falschen politischen Prioritäten, das Beharren auf dem messianistischen Ziel der Wiederherstellung der »Supermacht«.

Dabei gab es aus dieser postimperialen Krise, die kein Einzelfall war, unterschiedliche Auswege – man konnte alle Ressourcen auf die Imitation von Stärke verwenden, eine Wiederauferstehung vortäuschen, hinter deren Fassaden die gleichen alten Ruinen stehen; oder man konnte eine tiefe geistige, sozialökonomische und politische Transformation durchmachen und wirklich erstarken.

Die wichtigsten Akteure in der Politik und Wirtschaft von heute spielen schon längst nach anderen Regeln. Ihnen liegt nicht die Theorie des »Nullsummenspiels« zugrunde, sondern die Winwin-Strategie, die Theorie des Nash-Gleichgewichts, nach der in komplexen Systemen keiner der Spieler eine erfolgreiche Strategie entwickeln kann, wenn die anderen Spieler nicht bereit sind, ihre Strategien zu ändern. Mit anderen Worten: In der heutigen Welt vermag niemand als Einzelner einen bedeutsamen Erfolg zu erzielen, wenn er gegen alle spielt. Im Gegenteil: Nur wenn man lernt, mit allen zu interagieren und nach gemeinsam gewählten Regeln zu spielen, kann man seine eigene Lage erheblich verbessern. Die Welt von heute bedeutet Wettstreit innerhalb festgelegter Grenzen im Interesse aller Spieler. Wer ohne Regeln spielen will, fliegt raus.

Der Kreml und seine Helfershelfer wollen Russland vom Westen isolieren und gleichzeitig persönlich am westlichen Leben teilhaben. Dazu benötigen sie den Status einer militärischen Supermacht. Russlands nationale Interessen sind genau entgegengesetzt – die Isolierung des Landes muss aufgehoben und im Gegenzug müssen all diejenigen isoliert werden, die unter Kriegsdrohungen versuchen, ihre feudalen Pfründe zu sichern, darunter die Möglichkeit, straflos zu Hause Geld zu stehlen und es dann im Westen auszugeben. Sie wollen Russland schließen, um ewig stehlen und betrügen zu können; wir dagegen wollen Russland öffnen, damit das nie wieder vorkommt.

Kapitel 14

Historische Wahl: Moskowien oder Gardariki?

Der im Massenbewusstsein verwurzelte Zentralismus eint als politisches Prinzip paradoxerweise die Anhänger und Gegner des heutigen russischen Regimes. Unter den Letztgenannten finden sich nicht weniger fanatische Anhänger einer maximalen Zentralisierung der Macht, ihrer Konzentration in den Händen einer nationalen Regierung (das heißt Moskaus), als unter den Apologeten des Regimes. Auch wenn die beiden politischen Kräfte ganz unterschiedliche Motive dafür haben, stehen sie der Idee einer Dezentralisierung gleichermaßen skeptisch und argwöhnisch gegenüber.

Die Argumentation der liberalen Anhänger des Zentralismus könnte man für sehr überzeugend halten, gäbe es nicht ein großes Aber: In einem so riesigen Land wie Russland führt der Zentralismus früher oder später unausweichlich zum Autoritarismus.

Ein funktionsfähiges Modell der Demokratie lässt sich in diesem Land nicht lange aufrechterhalten, wenn man gleichzeitig eine starke Machtzentrale will. Wie liberal die zentralisierte Macht der siegreichen »progressiven Kräfte« anfangs auch sein mag, sie wird in kurzer Zeit doch wieder autoritär werden.

Die Ursachenkette ist einfach: Zentralisierung – Umverteilung der Ressourcen – aufgeblähter Verwaltungsapparat – Unterdrückung der Zivilgesellschaft. Mit anderen Worten (und das ist sehr wichtig): Unter russischen Verhältnissen gebiert der Zentralismus unweigerlich die Selbstherrschaft, und umgekehrt.

Daher ist die Dezentralisierung des politischen Systems wohl die wichtigste aller politischen Aufgaben, vor denen die Koalition jener Kräfte steht, die den demokratischen Wandel in Russland nicht nur in Worten, sondern in Taten erstrebt.

Doch das ist eine ungeheuer schwere Aufgabe. Deshalb muss man sie in zwei Stoßrichtungen angehen: den Boden für einen tektonischen Umbruch bereiten und vorübergehende Kompromissmaßnahmen ergreifen, die zwar unvollkommen sein mögen, aber das Problem wenigstens zum Teil lösen.

Aber was kann Vorbild für dieses neue System sein? Eine Antwort findet man, wie seltsam das auch klingen mag, in der fernsten Vergangenheit Russlands, noch weiter zurück als bis zu dem Punkt, an dem man das russische Staatswesen gewöhnlich beginnen lässt – dem Zarentum Moskau.

Unsere Geschichte erschöpft sich nicht im »Tatarensturm« und dem daraus entstandenen Moskowien. Es gab auch eine andere Rus. Das war ein Land von selbst verwalteten und unabhängigen Städten – Gardariki (so nannten das in grauer Vorzeit die aus dem Norden kommenden Wikinger). Und auch wenn diese Städte sich dann in den endlosen Weiten der russischen Zivilisation verloren, müssen wir heute genau dieses Gardariki an die Stelle Moskowiens setzen, als prinzipiell anderes System des staatlichen Aufbaus und Alternative zur starren Zentralisierung.

Städte waren immer die Ecksteine für die Entwicklung der europäischen Zivilisation. Sie sind bis in unsere Zeit die Impulsgeber für das Wachstum einer neuen, universalen Zivilisation. Nur ist heute nicht einfach von Städten, sondern von Megapolen die Rede, in denen Millionen von Menschen kompakt zusammenleben. Diese Megapolen als prinzipiell neues Format der sozialen Organisation sind heute zum Motor der technologischen, ökonomischen und insgesamt kulturellen Veränderungen in der Welt geworden.

Strategisch muss Moskowien mit seinem einzig dominierenden politischen Entscheidungszentrum schon in mittelfristiger historischer Sicht in einen politischen Multizentrismus der Megapolen umgewandelt werden. Dem Staatsaufbau Russlands sollte idealerweise ein politischer Verband von Megapolen zugrunde liegen. Das wird den Horizont der politischen Klasse erheblich erweitern und sie über den Moskauer Ring hinausblicken lassen.

Der Gipfel der Pyramide, die Zentralmacht, sollte im Verhältnis zur lokalen Selbstverwaltung funktional subsidiär (ergänzend) sein, nicht umgekehrt: Nicht sie löst die Probleme vor Ort anstelle der lokalen Selbstverwaltungsorgane, sondern sie stellt lediglich die Regeln auf und achtet auf ihre genaue Einhaltung. Andernfalls bilden sich Risse im Fundament, und dort nisten sich die bekannten kriminellen Enklaven ein.

Die Zentralmacht löst außerdem nationale (allgemeine) Probleme. Ihre Kompetenz dafür und die Ressourcen, unter anderem im Zentralhaushalt, sind gesichert. Die Zentralmacht in Russland muss sehr stark sein, um für die Einhaltung der Regeln und für die Ordnung »vor Ort« zu sorgen, aber sie muss zugleich so eingehegt sein, dass sie nicht in Versuchung gerät, die Regionen zu »privatisieren« und sich die Kompetenzen der lokalen Selbstverwaltung einzuverleiben.

Der Föderalismus ist ein spezieller Mechanismus der Organisation staatlicher Macht, bei dem es neben dem vertikalen Schnitt (klassische Gewaltenteilung) einen zusätzlichen horizontalen Schnitt gibt, das sogenannte konstitutionelle Rechtsgeschäft, das beiden Ebenen der staatlichen Macht die Möglichkeit gibt, auf ein und demselben Territorium, jedoch vollständig autonom (das heißt unter Setzung jeweils eigener Regeln) in einem oder mehreren Kompetenzbereichen tätig zu sein.

Das überkommene Verwaltungsmodell Russlands ist nun eben Moskowien – das Land eines einzigen Stadtstaates. Das neue Modell, das Russland braucht, um zu einem modernen Staat zu werden, ist Gardariki, ein Land vieler Städte, die ihre Regierung in die eigene Hand nehmen. Gardariki gegen Moskowien – das ist die Frage, die am Ende in vielerlei Hinsicht über Russlands Schicksal entscheiden wird.

Kapitel 15

Die politische Wahl: Demokratie oder Opritschnina?

Sogar in liberalen Kreisen trifft man auf verbissene Antidemokraten, die davon überzeugt sind, dass die Demokratie nur etwas für Auserwählte sei. In nichtliberalen Kreisen dominieren die Demokratiegegner erst recht, nur äußern sich nicht alle so klar; manche vermeiden das Thema lieber. Deshalb ist die Frage, ob Russland ein wahrhaft demokratischer Staat sein sollte, bis heute nicht entschieden.

Man muss dabei im Auge behalten, dass Russland eine »atypische Diktatur« ist. Der russische Autoritarismus ist in seiner Art einzigartig und hat seine Modernisierungsfähigkeit mehr als einmal unter Beweis gestellt. Im Laufe seiner Evolution hat das russische politische System eine originelle eigene Antwort auf die Herausforderungen der Geschichte entwickelt, die man unter Vorbehalt als permanente »Opritschnina« bezeichnen könnte. Dieses System ist nicht so primitiv, wie viele denken. Das Wesen der Opritschnina besteht in der Teilung der Macht zwischen äußerem und innerem Staat, wobei der innere Staat den äußeren kontrolliert und als latente politische Kraft wirkt.

Diesen stabilen Sympathien liegt der Glaube an die Wirksamkeit der stalinschen Verwaltungsmethoden zugrunde, besonders was die rasche Mobilisierung begrenzter Ressourcen für ein konkretes Ziel angeht.

Ein gewichtiger Teil der Gesellschaft in Russland sieht auch heute im Stalinismus ein Modernisierungspotenzial; das ist eine Realität, mit der man rechnen muss. Von Stalin und sogar von Iwan dem Schrecklichen als effektiven Managern hörte man Russland schon reden, lange bevor Putin auftauchte; nur tat man das damals ab und nahm es nicht ernst. Wie man sieht, war das voreilig. Nötig sind nicht Emotionen, sondern Argumente.

In der Tat, sowohl Peter der Große als auch Stalin haben ökonomische Erfolge erzielt, indem sie das Land an die Kandare nahmen. Aber schon gegen Ende ihres Lebens, ein bis zwei Generationen nach dem Beginn der Reformen (das heißt nach 20 bis 40 Jahren), setzte eine unaufhaltsame Stagnation ein, die ihre Wurzeln in genau der »Epoche der großen Siege« hatte. Letztlich waren dann auch diese »Siege« – als Folge der Revolution – die Ursache des Systemrückstands. Aufgrund der autoritären Art der Modernisierung entwickelte Russland sich von Revolution zu Revolution nach dem Algorithmus »ein Schritt vorwärts, zwei Schritte zurück«. Und im Laufe der Jahrhunderte schlug das Pendel der Erschütterungen immer weiter aus.

Dort, wo Demokratie herrschte, verlief die Entwicklung gleichmäßiger, mit geringeren Schwankungen des historischen Pendels, was der Gesellschaft über die langen Zeitläufte einen Riesenvorsprung verschaffte. Die Geduld der Menschen wurde nicht vom Druck der Autokratie erschöpft. Sie eskalierte nicht in einem blutigen Bürgerkrieg, verdorrte nicht in erschöpfender Apathie unter der Herrschaft der immer gleichen gerontokratischen Führer, sondern die Politiker wechselten einander friedlich ab, ein politischer Kurs folgte auf den anderen, und die Gesellschaft segelte in Halsen gegen den Wind diverser Widrigkeiten des Lebens.

Möglicherweise ist in der jetzigen Etappe der Übergang zur parlamentarischen Demokratie die beste Lösung. Wie dem auch sei, in Russland darf es künftig keine politische Institution mehr geben (egal, wie sie heißen mag), die sich über alle anderen Machtzweige erhebt und Vollmachten hat, die nicht durch Vollmachten anderer Zweige austariert sind. Nur in diesem Falle bleibt die »goldene Aktie« bei der Gesellschaft und fällt nicht in die Hände einer Gruppierung, die dem obersten Herrscher nahesteht.

Dies in dem riesigen, territorial, kulturell, geografisch und klimatisch ganz unterschiedlichen Russland zu erreichen ist keine einfache Sache. Daher die Überlegung, ob man nicht mit den parlamentarischen Formen experimentieren, Asymmetrien zulassen und natürlich so viele Entscheidungen wie möglich unten ansiedeln sollte, das heißt alles dezentralisieren, was sich dezentralisieren lässt. Man muss davon ausgehen, dass es in Russland kein reales, klassisches Parteiensystem gab und auch nie mehr geben wird. Bei den Wahlen müssen wir also auf etwas anderem aufbauen, das heute die traditionellen Parteien ablöst.

Auf all das muss man sich jetzt vorbereiten, muss unverzüglich die Diskussion über die politische Form der künftigen russischen Demokratie beginnen und darf die Suche nach Lösungen nicht auf die lange Bank schieben – »später« wird dafür keine Zeit mehr sein.

Und damit sind keine Beschwörungen der Vorteile der Demokratie gemeint, kein leeres Palaver über ihre allgemeinen Prinzipien.

Dieses Gespräch muss mit Experten und einem möglichst breiten Kreis von »Interessenten« über die Details geführt werden, denn der autoritäre Teufel steckt gerade in den demokratischen Details. Ihn haben wir in der »allerbesten« Verfassung von 1993 übersehen. Dieser Fehler darf sich nicht wiederholen.

Kapitel 16

Die ökonomische Wahl: Monopol oder Konkurrenz?

Monopol und Konkurrenz sind keine absoluten Gegensätze, keine vollständigen Antagonisten, wie viele sich das vereinfachend vorstellen. Dennoch sind sie dazu verdammt, ewige Widersacher zu bleiben. Weder das Monopol noch die Konkurrenz lässt sich vollständig beseitigen. Sie sind nur Mittel des Kampfes zwischen Ordnung und Chaos. Es sind Instrumente zur Organisation des sozialen Raums. In mancher Hinsicht ist das eine, in anderer Hinsicht das andere gut.

Gerade deshalb darf Konkurrenz nicht mit einem »Krieg aller gegen alle« verwechselt werden: Die organisierte Konkurrenz ist ebenso wie das Monopol dazu berufen, diesen Krieg zu bekämpfen, nur mit anderen Mitteln.

Die Situation ändert sich radikal, sobald das private Monopol zum staatlichen wird und in die Hände von Staatskonzernen gerät. In diesem Fall ist die Markttherapie ebenso hilflos wie jede Ersatztherapie, und die Konkurrenz wird mit administrativem Napalm weggebrannt.

Bei dem von oben bis unten korrupten autoritären Regime, dem zudem jede reale ideologische Basis fehlt (an deren Stelle treten irgendwelche verrosteten Leitideen), sind die Monopole nichts anderes mehr als ein Instrument, um die Clans zu bereichern, die sich an der Macht festgesaugt haben. Mit den Monopolen entlohnt das Regime diese Clans für ihre politische Loyalität. Das Monopol ist die gängigste Währungseinheit des postkommunistischen Russland. Nicht Geld verteilt die Regierung, sondern Monopole: anfangs auf die Förderung von Öl und Gas, anschließend auf die Straßenmaut, später auf alles andere. Inzwischen sind nach jüngsten Meldungen auch die Toiletten an der Reihe. Kein Wunder, dass dieser wichtige Wirtschaftszweig der Familie des ehemaligen Generalstaatsanwalts Juri Tschaika zugefallen ist: Das passt.

In einer Situation, da alle gesellschaftlichen Beziehungen um ein Vielfaches komplexer geworden sind und der Erfolg immer mehr vom Verhalten eines einzigen Individuums oder einer kleinen Gruppe abhängt, lässt sich die dynamische Entwicklung der Gesellschaft durch den Monopolmechanismus praktisch nicht mehr gewährleisten. Russland hat keine andere Perspektive als den Übergang von der Monopolwirtschaft zur Konkurrenzwirtschaft. Doch leicht wird das nicht.

Nötig ist ein gleicher und gerechter Zugang zur Aufstellung der Regeln; wenn nämlich die Regeln einige bevorzugen, verwandelt sich die Konkurrenz in ihr Gegenteil – in latentes Monopol und Chaos. Echte Konkurrenz ist somit nur bei entwickelter Zivilgesellschaft und in einem politischen (Rechts-)Staat möglich. Das alles gibt es nur im »Gesamtpaket«. Fehlt der Wirtschaft der Überbau in Form eines Verfassungs- und Rechtsstaates, dann lässt sich die Wirtschaft nicht nach Konkurrenzgrundsätzen ausrichten.

Und hier kommen wir schließlich zum Allerwichtigsten. Es gibt Länder wie Südkorea, wo das Monopol eines Privatunternehmens unter der Kontrolle des Rechtsstaates effektiv funktioniert. Es gibt Länder wie die Schweiz oder Norwegen, wo Staatskonzerne unter der Kontrolle des demokratischen Staates höchst effektiv arbeiten (etwa die Schweizer Bahn). Es gibt jedoch kein Land, in dem ein staatliches oder privates Monopol unter der Kontrolle eines autoritären und korrupten Staates effektiv arbeiten würde. Diese Ausgangskombination läuft im Ergebnis fast immer auf ein Venezuela hinaus.

Korrupte, nicht abwählbare Regierung (politisches Monopol) plus ökonomisches Monopol – mit dieser Kombination ist die Katastrophe garantiert.

Kapitel 17

Die soziale Wahl: Linke oder rechte Wende?

Im Rahmen meiner Aufgabe beschränke ich mich auf einen Arbeitsbegriff von links und rechts, auch wenn er nicht vollständig ist. Mir scheint, der Teilung in links und rechts liegt die Einstellung zur Gleichheit zugrunde. Charakteristisch für eine linke Politik ist das Streben danach, die Gleichheit zu stärken und die Ungleichheit zu unterdrücken. Der rechten Politik ist die Anerkennung der Ungleichheit zu eigen, vor allem hinsichtlich des Vermögens, aber auch in jeder anderen Hinsicht, und der Versuch, durch Ungleichheit die wirtschaftliche Aktivität zu stimulieren.

Natürlich ist dies eine sehr abstrakte, »ideelle« Trennlinie. Dazwischen gibt es zahlreiche Mischformen von links-rechts und rechts-links, aber das Wesen ist damit wohl getroffen.

Daraus lässt sich die nicht sehr tiefgründige Folgerung ziehen, dass weder die linke noch die rechte Ideologie der Weisheit letzter Schluss sind. Sie sind wie die Fahrt des Segelboots gegen den Wind: um voranzukommen, muss es in Halsen einmal nach rechts, dann nach links segeln. Das wiederum bedeutet, dass der Wechsel zwischen rechtem und linkem Kurs ein zyklischer und insgesamt gesetzmäßiger Prozess ist. Die Kunst der Politik besteht zum Teil darin, rechtzeitig vom Linkskurs auf den Rechtskurs umzuschwenken und umgekehrt.

In das 21. Jahrhundert ist Russland mit einem der höchsten Ungleichheits-Indizes der Welt eingetreten (vergleichbar dem der USA). Die Kluft der Einkommen und der Lebensweise unterschiedlicher sozialer Schichten wirkt noch viel inakzeptabler, berücksichtigt man die alte sowjetische Gewöhnung der Menschen an zumindest äußerliche Gleichheit. Das alles führte dazu, dass es in Russland zu Anfang des 21. Jahrhunderts praktisch unmöglich war, die rechte Idee irgendwie in demokratischer Form zu propagieren. Vor dem Hintergrund einer wachsenden sozialen Differenzierung und deutlich zunehmender Nostalgie nach der Sowjetvergangenheit wäre jede Idee, die direkt oder indirekt ein weiteres Auseinanderdriften der Gesellschaft rechtfertigen wollte, von den Massen auf der Stelle zurückgewiesen worden.

Das führte zu einer schwierigen Alternative: entweder die rechte Idee, unter deren Banner die postsowjetischen Wirtschaftsreformen stattfanden, inklusive das Recht auf Privateigentum, oder Demokratie, die ja Sinn und Ziel der politischen Reformen war. Zu jenem konkreten Zeitpunkt der historischen Entwicklung waren rechte Idee und Demokratie in Russland nicht mehr miteinander vereinbar.

Was bedeutet das klassische rechte Programm im Westen? Es bedeutet die Möglichkeit, maximal viel zu verdienen und nicht mit anderen zu teilen, in erster Linie über staatliche Steuern. Deshalb müssen sowohl der Staat als auch die Steuern klein sein.

Ein anderes Merkmal (Indikator) des rechten Programms ist sein Verhältnis zum exzessiven Konsum. In Europa ist der exzessive Konsum nirgendwo gern gesehen, er wird mit kulturellen und fiskalischen Mitteln eingedämmt. So besehen, ist die russische Regierung im Grunde eine rechte, denn sie erklärt sich durch flache Steuertarife und durch einen staatlich und gesellschaftlich ermunterten exzessiven Konsum direkt und ohne Umschweife für die rechte Tagesordnung.

Aufgrund der Popularität des Antikorruptionsthemas ist hier gesondert auf den exzessiven Konsum einzugehen. Ganz gleich, was für Paläste sich die Staatsbediensteten bei uns bauen, die Gesellschaft duldet alles. Russland ist nicht das Land der Elefanten, sondern der Räuberhöhlen. Prunk in jeder Hinsicht: arabische Dimensionen, afrikanische Qualität und asiatischer Pomp. Und das alles mit Ambitionen auf ein Versailles! Wenige Länder der Welt weisen einen derart demonstrativ exzessiven Konsum aus. Hier geht es gar nicht um die Frage, ob Gestohlenes oder Eigenes verbraucht wird.

Es geht darum, dass so etwas in einer normalen Gesellschaft einfach unanständig ist. In Russland dagegen nicht. Anders als im Westen stört sich bei uns die Gesellschaft weder an der Einheitssteuer noch am barbarisch exzessiven Konsum. Es gibt zwar Neid, aber keinen Klassenhass. Mehr noch, viele regen sich über einen minimalen Vorteil des Nachbarn viel mehr auf als über den Luxus des ihnen unbekannten Reichen.

Eine richtig ausgestaltete Sozialpolitik ist der mächtigste Hebel zum Sturz der Machtpyramide. Warum ist das so wichtig? Putin ist kein gemischter Politiker – er ist radikal rechts. Das Linke ist für ihn ein Deckmantel. Er ahmt die Technologien der Führer des faschistischen Typus nach und wechselt, ähnlich wie Solaris, je nach Situation seine Masken. Seit 2003 bemäntelt er seinen Kurs mit linken Losungen. Doch wie alles unter seinem Regime ist auch das linke Programm nur Simulacrum. Im Grunde ist das nichts Neues. So wie es keine echte Selbstverwaltung gibt, keinen echten Föderalismus, so gibt es auch kein echtes linkes Programm bei Putin. Auch wenn diese Maske, je altersschwächer das Regime wird, situationsweise immer wieder aufgesetzt werden wird.

Dabei gibt es womöglich auch eine übersehene politische Komponente: Eine arme Gesellschaft lässt sich leichter regieren. Arme Menschen haben geringere Erwartungen.

Dadurch konserviert Putin die Schichtenteilung auf Jahrzehnte im Voraus. In dem derart zementierten Modell hat der größere Teil der Bevölkerung aufgrund des faktischen Bildungszensus keine Aufstiegsmöglichkeiten. Diese Matrix ist unfähig zur evolutionären Entwicklung und muss daher durchbrochen werden.

Die Menschen mögen sich mit dem exzessiven Konsum der Väter abfinden, aber den Kindern wollen sie das Recht auf exzessiven Konsum nicht zugestehen. Es ist eine große Frage, ob die Vererbung großer Vermögen in Russland, sei es durch Oligarchenfamilien oder Beamtendynastien, als legitim anerkannt wird. Die Schichtentoleranz wird nicht auf die nachfolgende Generation übertragen. Hier öffnet sich ein Fenster, um das Problem durch die Einführung expropriativer Steuersätze auf das Erbe supergroßer Vermögen auf evolutionäre Weise zu lösen.

Die demokratische Bewegung wird nur dann die Unterstützung der Massen bekommen, wenn sie in dieser Frage klar und eindeutig Position bezieht. Alle Finanz- und Fiskalprobleme sind durch ein beschleunigtes Wirtschaftswachstum, die Senkung korruptionsverursachter Kosten und eine Erbschaftssteuer zu lösen, nicht auf Kosten der unantastbaren sozialen Erleichterungen aus der Sowjetzeit.

Zusammengefasst bedeutet das, dass die linke Tagesordnung der demokratischen Bewegung im jetzigen Stadium taktisch auf zwei Beinen stehen muss: einerseits schrittweise Beschränkung des exzessiven Konsums durch eine Erbschaftssteuer mit Konfiskationscharakter auf supergroße Vermögen und andererseits Garantien auf die Beibehaltung (und sogar gleitende Erhöhung) der grundlegenden sozialen Beihilfen, vor allem in der Gesundheitsversorgung, der Bildung und der sozialen Absicherung.

Kommt eine demokratische Koalition mit linker Tagesordnung nicht zustande, dann sind die Chancen auf einen friedlichen Machtwechsel auf demokratischem Wege gering. Das Regime wird so lange an einem Haar hängen, bis eine Revolution von unten dieses Haar durchschneidet, und auf der Woge dieser Revolution werden neue Bolschewiki an die Macht kommen. Dann besteht die Gefahr, dass die russische Geschichte eine weitere Strafrunde dreht und Russland für immer aus der aktuellen Weltgeschichte herausfällt.

Kapitel 18

Die intellektuelle Wahl: Freies Wort oder Glasnost im Reservat?

Das Problem ist, dass die Meinungsfreiheit im engeren Sinne das höchste rechtliche und verfassungsmäßige Prinzip ist, dem der Staat unterworfen ist. Diese Freiheit wird von der gesamten Macht der Zivilgesellschaft und des in sie integrierten politischen Staates garantiert. Im heutigen Russland existiert diese Freiheit nicht. Stattdessen gibt es einen von den Machthabern genau abgezirkelten Raum, in dem mit ihrer Genehmigung und unter ihrem wachsamen Auge ein Ausländer namens »Glasnost« haust. Dieser in die Jahre gekommene Museumsinsasse lebt in dem Reservat, das ihm am Rande des Polizeistaates zugewiesen wurde, und amüsiert die Touristen und Gaffer der Hauptstadt.

Das erweckt bei vielen die Illusion, in Russland gäbe es doch noch irgendeine Art von Redefreiheit. In Wirklichkeit ist alles viel komplizierter: Redefreiheit gab es in Russland auch vor dem Krieg nicht, aber das autoritäre, ja sogar neototalitäre Regime hatte es gelernt, mit den Resten der gorbatschowschen Glasnost bis zu einem gewissen Grad zu koexistieren, sogar mit einigen Vorteilen für sich selbst.

Natürlich hat sich der Kriegsbeginn und der Übergang des Regimes in den totalitären Mobilmachungszustand auch in diesem Bereich niedergeschlagen. Alle einflussreichen unabhängigen und semi-unabhängigen Medien, Journalisten und Blogger gerieten unter einen beispiellosen Druck, der sie zwang, entweder ihre Tätigkeit einzustellen, das Land zu verlassen oder in den Dienst des Regimes zu treten.

Dies ist jedoch bereits das Endstadium der Diktatur-Entwicklung. Wir müssen begreifen, wie wir schon den Anfängen einer solchen Entwicklung wehren können.

Dabei beherrscht der Staat direkt oder indirekt nicht nur die regierungsfreundlichen, sondern sogar die Mehrheit der als oppositionell geltenden Medien.

Der Generator dieses dominierenden Informationsflusses befindet sich im Kreml, Antriebsriemen sind die Schwärme von Kremlagenten, die die einzelnen Informationsressourcen kontrollieren, und zwar auf mehreren Ebenen gleichzeitig. Es handelt sich um ein äußerst komplexes System, das ein verzweigtes und dezentralisiertes Netz von Thinktanks beinhaltet – Analysefabriken, die Ideen in den Fluss einspeisen. Da gibt es zahlreiche eigene Produktionskapazitäten, überwiegend im Outsourcing, es gibt eigene »Stars« und eigenes »Kanonenfutter«. Dieses System ist viel subtiler und raffinierter aufgebaut als der polizeiliche Unterdrückungsapparat, und das hat seinen Grund: Bis in die jüngste Zeit hinein spielte es eine Schlüsselrolle bei der Stabilisierung des Systems.

Die Existenz dieses starken, vom Staat kontrollierten Informationsstroms erlaubte es dem Regime, nebenan im Reservat ein schwaches und beschränktes alternatives Informationsrinnsal fließen zu lassen, dessen Rauschen die Massen fast überhört haben, weil es vom Donnern des Stroms übertönt wurde.

Wie gespenstisch die ins Reservat verbannte Wahrheit auch war, sie war immer noch besser als die auf freiem Fuß wandelnde Lüge. Um jedes Wort der Wahrheit muss man kämpfen; man muss sich jedem Versuch des Regimes widersetzen, die Glasnost endgültig zu knebeln; die ganze Welt muss den Journalisten und Medien helfen, die sich weiter heroisch dem Totalitarismus entgegenstellen, wenn auch jetzt überwiegend aus dem Ausland. Das strategische Ziel ist jedoch ein anderes: nicht die vollständige Wiederherstellung der Glasnost, sondern die Sicherung harter Verfassungsgarantien für die Freiheit des Wortes.

Natürlich, in gewissem Sinne lässt sich die Freiheit des Wortes nur durch das normale Funktionieren des gesamten demokratischen politischen Systems garantieren: mit einer wirksamen Gewaltenteilung, einer funktionierenden Gerichtsbarkeit und weiter, noch tiefer – mit der Bereitschaft der Gesellschaft, diese Freiheit mit der Waffe zu verteidigen. Wenn die Freiheit des Wortes eine politische Währung ist, dann steht die gesamte demokratische Infrastruktur der Gesellschaft für ihre Sicherung ein. Abgesehen von diesen allgemeinen Garantien, gibt es aber auch spezifische Maßnahmen, darunter institutionelle, ohne die keine Freiheit des Wortes denkbar ist.

Und last, but not least: Die Freiheit des Wortes und die Offenheit der Gesellschaft waren und sind die wichtigste Dimension der Demokratie; sie sind ihr Bindegewebe. Ihre Verteidigung gegen Angriffe von Wächtern jeglicher Couleur ist die wichtigste Aufgabe der demokratischen Bewegung. Die Freiheit des Wortes wissen aber auch jene raffiniert zu nutzen, deren Ziel gerade die Vernichtung jeglicher Freiheit ist. Groß ist die Versuchung, ihnen diese Freiheit vorzuenthalten.

Wir müssen lernen, in einer Welt zu leben, in der wir uns ständig mit etwas abfinden müssen, was uns persönlich inakzeptabel erscheint. Aber nur eine solche Welt ist wahrhaft stabil und komfortabel.

Kapitel 19

Die Verfassungswahl: Parlamentarische oder präsidiale Republik?

Die Frage der künftigen politischen Form der russischen Demokratie ist also weder müßig noch zu früh gestellt. Die Antwort auf sie ist eine Art politischer Lackmustest auf die Ernsthaftigkeit der Absicht, die russische Selbstherrscher-Tradition zu brechen. An ihr zeigt sich, wie entschlossen wir sind, in dieser Sache bis zu Ende zu gehen und nicht eine Form der Selbstherrschaft durch eine andere zu ersetzen, ja womöglich einen Zar durch den nächsten. Das ist keine Frage des Verfassungsaufbaus, sondern eine der politischen Philosophie und damit eine zutiefst ideologische. Vielleicht muss sie gerade deshalb vorrangig beantwortet werden.

Die Frage stellt sich folgendermaßen: Sind wir bereit, diese tief verwurzelte russische Tradition der Selbstherrschaft kompromisslos zu brechen, sei es auch übers Knie, oder wollen wir, ungeachtet aller demokratischen Losungen, in der Tiefe der Seele beim Paradigma der Suche nach einem guten Zaren bleiben, der Russland die Freiheit schenkt? Die Entscheidung für das präsidiale Modell lässt den »angeborenen Selbstherrscher-Instinkten« der russischen politischen Kultur für die Zukunft mehr Raum zur Entfaltung, bietet der Macht viel mehr Möglichkeiten, sich von demokratischen Veränderungen abzukehren, als die Entscheidung für das parlamentarische Modell.

Das ist der einzige und entscheidende Grund, aus dem ich die parlamentarische Republik für das Russland meiner Träume vorziehe. Viel zu oft haben wir mit personalistischen Regierungsmodellen experimentiert, deshalb muss heute »tief geschnitten werden, bevor man auf die Bauchfellentzündung trifft«. Sooft wir das

Lego des russischen politischen Systems aus den Einzelteilen zusammengesetzt haben, es kam immer wie bei dem alten Witz über den Arbeiter, der Ersatzteile aus diverser ziviler Produktion aus seinem Betrieb nach Hause schleppte, aber wenn er sie zusammenbaute, kam immer eine Kalaschnikow heraus. Will sagen, du kannst dir den Präsidenten Russlands noch so oft aus den Teilen der Verfassung bauen, das Ergebnis ist immer ein Zar.

Wenn das Parlament den zentralen institutionellen Ort im politischen System Russlands einnimmt, steigt automatisch der Wert eines Abgeordnetenmandats und damit auch des gesamten Wahlvorgangs.

Dadurch wird es sehr viel schwieriger werden, die Wahl allein auf das »Charisma« zu stützen, wie das bei der Präsidentenwahl in Russland gewöhnlich der Fall ist. Ganz nebenbei wird der Preis der regionalen Vertretung in beiden Kammern steil ansteigen, denn unter diesen Bedingungen wird von seiner quantitativen und qualitativen Zusammensetzung direkt die Befriedigung der Lebensbedürfnisse der Regionen abhängen. Damit füllt sich das System der föderalen Beziehungen, das heute nur zur Dekoration des streng zentralisierten Einheitsstaates dient, mit realem Inhalt. Dies wiederum wird kompensatorisch zu einer Entwicklung der lokalen Selbstverwaltung führen, die eine Feudalisierung Russlands und die Entstehung von Teilfürstentümern verhindern soll.

Somit erweist sich der Übergang zur parlamentarischen Republik als jenes entscheidende Glied, an dem man die ganze demokratische Kette zu packen bekommt.

Selbstverständlich ist der Wechsel von dem selbstherrschaftlichen und streng zentralisierten, personalistischen Regierungssystem, das in Russland seit mehreren Jahrhunderten existiert, zur parlamentarischen Demokratie ein politischer Schock. Ein unvermeidlicher und notwendiger Schock!

Einzig und allein der Wechsel zur parlamentarischen Republik bietet die reale Chance für einen Neustart des politischen Systems in Russland, und nur diese Tatsache macht seinen Vorzug gegenüber der präsidialen Republik aus.

Von ungeheurer Bedeutung für den Erfolg oder Nichterfolg des Projekts eines neuen Russlands wird es sein, wie tief der Westen die Probleme Russlands verstehen und welche Haltung er einnehmen wird. Der Westen wird sich zwischen einer instinktiv-oberflächlichen und einer rational-reflektierenden Haltung entscheiden müssen. Instinktiv fällt es dem Westen leichter, vom Zerfall Russlands zu träumen (ohne sich groß Gedanken über die globalen Risiken zu machen) oder die Wiederherstellung einer freundlich gesinnten Selbstherrschaft anzustreben (ohne zu bedenken, dass daraus unweigerlich eine unfreundlich gesinnte entstehen muss).

Der Vorzug des instinktiven Herangehens besteht darin, dass bei seiner Umsetzung der Westen nicht involviert sein muss. Er gibt Russland die Möglichkeit, weiter im eigenen Saft zu köcheln. Das rationale Herangehen verlangt vom Westen Anstrengungen ähnlich jener, die die USA nach dem Ende des Zweiten Weltkriegs unternommen haben, um die politischen Prozesse in Europa zu formatieren. Er muss sich dann politisch ebenso wie ideologisch engagieren. Unter anderem darf der Westen nicht der Versuchung erliegen, Russland in der Übergangsperiode in Einzelteile zu zerpflücken und so die Bemühungen der Zentralregierung zu gefährden, als politischer Schiedsrichter aufzutreten.

Die Verwandlung Russlands in eine stabile Föderation ist eine langfristige, historische Aufgabe, und sie liegt vor allem im Interesse des Westens selbst. Er tut damit Russland keinen Gefallen, sondern macht mit dieser rationalen Entscheidung die Weltordnung für einen langen historischen Zeitabschnitt sicherer und berechenbarer.

Kapitel 20

Die rechtliche Wahl: Diktatur des Gesetzes oder Rechtsstaat?

Die Revolution in Russland ist nur eine Frage von Ort und Zeit. In etwas geringerem Maße auch eine Frage der Form. Was aber wirklich diskutiert werden muss, sind die Maßnahmen, die Russland künftig aus dem historischen Teufelskreis herausreißen können, wo jedes neue Schlagloch wieder eine Revolution provoziert. Die einzige Möglichkeit dafür ist der Wechsel von rechtswidrigen zu rechtmäßigen Gesetzen.

Der Sinn dieser Forderung ist einsichtig. Das rechtmäßige Gesetz darf nicht Ausdruck des individuellen Willens eines Herrschers und auch nicht des (klassenbedingten) Willens eines Clans sein, der die Macht an sich gerissen hat, sondern er muss den konsolidierten Willen der gesamten Zivilgesellschaft zum Ausdruck bringen. Erst dieser konsolidierte Wille legitimiert die Allgemeinverbindlichkeit der Gesetze und begründet die Vollmacht der Regierung, von jedem ihre exakte Befolgung zu verlangen.

Das Parlament ist ein Schmelztiegel, in dem der politische Wille der Zivilgesellschaft in den Gesetzestext gegossen wird.

Gerade deshalb ist es so wichtig, dass das Parlament sowohl von der Exekutive als auch von der Gesellschaft, deren Wahl es sich verdankt (natürlich nur für die Dauer seiner Tätigkeit und nicht absolut) unabhängig ist.

Im Parlament wird der politische Wille des einfachen Wählers durch das Sieb der Sachverständigen geseiht. Und umgekehrt muss die Meinung der Sachverständigen durch das Sieb eines höheren politischen Sachverstandes geseiht werden.

Sehr wichtig ist hier die Balance. All die letzten Jahre haben wir beobachtet, wie die von der Regierung aufgezwungene Expertenmeinung die Meinung der Zivilgesellschaft dominierte. Das führte dazu, dass die Gesetze von der Gesellschaft einfach nicht akzeptiert wurden und deshalb nicht funktionierten.

Übrigens würde ein Diktat der Gesellschaft zu dem gleichen Ergebnis führen, allerdings aus dem völlig entgegengesetzten Grund der praktischen Unrealisierbarkeit aller »politischen Wünsche«.

Russland wird diese Erfahrung des Parlamentarismus gründlich prüfen müssen, ohne ihn blind und simplifizierend nachzuahmen. Auf dieser Basis muss es das einzig passende System wählen, dessen normale Funktion es erlaubt, rechtmäßige Gesetze zu verabschieden.

Paradoxerweise ist es nicht so wichtig, ob sie in der Verfassung verankert, in Granit gegossen sind oder nur in den Köpfen der Bürger existieren. Es gibt Länder ohne geschriebene Verfassung, wo deren Prinzipien dennoch strengstens beachtet werden. In anderen Ländern existiert eine wortreiche Verfassung, und alle Wechselfälle des Lebens sind schriftlich geregelt, aber nichts davon wird befolgt. Wichtig ist nicht, wie und wo etwas aufgeschrieben ist, sondern welchen Niederschlag es in den Köpfen findet.

Für eines dieser grundlegenden Prinzipien halte ich die Freiheit. Im Grunde ist das nicht verwunderlich, schließlich ist das Recht in gewisser Weise auch ein Maß der Freiheit. Dieses Rechtsverständnis hat sich infolge der Verbindung der (griechisch-römischen) antiken, westlichen Kultur und der christlichen Traditionen herausgebildet. Man darf annehmen, dass es auch das Wesen des Europäismus und der Moderne ausmacht.

Unsere Fähigkeit, ein solches Verständnis des Rechts und der Rechtsakte zu akzeptieren, wird am Ende darüber entscheiden, ob Russland in der Lage ist, ein europäisches Land zu werden. Alle anderen Merkmale sind weitaus weniger bedeutsam und maßgeblich.

Doch all diese Annahmen werden nutzlos sein, wenn die wichtigste Revolution ausbleibt – die in den Köpfen. Nur dort kann ein Verständnis für das Wesen der Rechtsakte entstehen.

Jede beliebige Struktur kann man beschneiden, jeden Mechanismus verderben, jede Garantie aushebeln, wenn kein Einverständnis über das Hauptprinzip besteht – über jenes Kriterium, mit dem der Erfolg oder Nichterfolg der Reformen bewertet wird. Und dieses Kriterium kann nur eines sein – die Freiheit. Einzig die Priorität der Freiheit weist das unrechtmäßige Gesetz zurück und nimmt das rechtmäßige an, weist die für die Gesellschaft gefährliche Diktatur des Gesetzes zurück, die nur das Feigenblatt für eine neue Selbstherrschaft ist, und macht den Staat zu einem Rechtsstaat.

Kapitel 21

Die sittliche Wahl: Gerechtigkeit oder Barmherzigkeit?

Daraus ergibt sich, dass das Streben nach Gerechtigkeit selbst einen Ausgleich finden muss. Nötig ist eine Balance um der Balance willen, damit die Geschichte nicht zu einer Sanduhr wird, die von Zeit zu Zeit durch eine neue Revolution auf den Kopf gestellt wird. Jedes Mal, wenn wir »die ganze Welt der Gewalt restlos zerstören und eine neue, unsere eigene Welt bauen« wollen, setzen wir wie in dem erwähnten Witz die Kalaschnikow zusammen, mit der wir immer wieder von Neuem die russische Zivilgesellschaft und die Ansätze eines russischen Rechtsstaates zerstören.

Damit sich das nicht wiederholt, muss die spontane Suche nach Gerechtigkeit in Rahmen gefasst werden. Ein solcher Rahmen ist meiner Meinung nach nur zu erreichen, wenn man ein noch tieferes und universaleres Prinzip als die Gerechtigkeit zugrunde legt.

Ein solches Prinzip ist für mich die Barmherzigkeit.

Die Barmherzigkeit ist eine Art und Weise, Mitleid zu empfinden und zu verzeihen; es ist eine Gerechtigkeit zweiten Grades. Dient uns die Gerechtigkeit als Maß für die Politik und das Recht, so dient die Barmherzigkeit als Maß für die Gerechtigkeit selbst – wir lassen sie nicht in ihr Gegenteil verkehren.

Wenn wir nicht dieselbe Geschichte immer von Neuem beginnen wollen, dann müssen wir zugeben, dass die nackte Gerechtigkeit und die nackte Wahrheit nicht so bezaubernd aussehen wie die Hoffnung, die wir in sie setzen. Allein gestützt auf die Barmherzigkeit haben wir eine Chance, unsere klugen Entscheidungen zu weisen zu machen. Das sind nicht nur leere Worte, wie man meinen könnte. Es ist der Versuch, einen neuen Bezugspunkt für die Sinngebung und Lösung der wichtigsten praktischen Fragen unseres politischen Daseins zu schaffen.

Welche unmittelbaren und direkten Folgen für die Diskussion über die Zukunft Russlands kann es haben, wenn wir eine von Barmherzigkeit ausgewogene Gerechtigkeit als Eckpfeiler annehmen? Es sind gar nicht wenige.

Erstens verschwindet die harte Grenze zwischen »wir« und »sie«. Wir sind heilig, sie die Höllenbrut. Wenn wir nicht nur uns selbst, sondern auch sie verstehen, lässt sich diese Grenze nicht mehr ziehen.

Wir alle, wenn auch in unterschiedlichem Grade, tragen Verantwortung dafür, was »mit unserer Heimat und uns« geschehen ist. Die einen durch ihre Teilhabe, die anderen durch ihr Beiseitestehen. Niemand hat absolut recht in allem, niemand ist absolut schuld. Was die Verantwortung betrifft, so verläuft zwischen den Nutznießern und den Opfern des Regimes keine »Chinesische Mauer«.

Aus Sicht der revolutionären Gerechtigkeit gibt es zwei Lager – wir haben gelitten, jetzt leidet ihr. Aus Sicht der Barmherzigkeit gibt es nur eine Gesellschaft, eine Nation, ein Volk. Jawohl, sie ist krank, sie leidet am Verfall der Moral und an kulturellem Niedergang, aber auf die eine oder andere Weise betrifft das alle. Wer von uns heute wäre ohne Sünde und wollte den Stein werfen?

Zweitens, und das folgt aus dem Ersten, müssen wir bereit sein, uns selbst zu ändern, bevor wir Änderungen von anderen verlangen. In jedem von uns ist ein kleines Teilchen Gift, das wir aus uns herausdrücken müssen.

Wenn die Energie der Gesellschaft sich ausschließlich auf die Suche und Bestrafung der »Schuldigen« konzentriert und wir selbst dabei die Alten bleiben, dann wird aus diesem Kampf um Gerechtigkeit nichts Gutes hervorgehen. Nur wenn wir mehr Aufrichtigkeit in Bezug auf uns selbst und mehr Duldsamkeit in Bezug auf jene entwickeln, die anders sind als wir, haben wir eine

Chance, nicht in das nächste soziale Extrem zu verfallen und nicht die einen Satrapen und Giermäuler durch die anderen zu ersetzen.

Drittens, und weitergedacht, suggeriert die historische Erfahrung, dass die Vergebung manchmal weniger kostet als das Strafen. Der natürliche und gerechte Wunsch nach Rache wird, wenn man ihm freien Lauf lässt, zu einem alles verschlingenden Feuer, das nicht nur das Opfer der Rache, sondern auch den Rächer frisst. Die Rache, auch die soziale und politische, darf nicht zur dominierenden gesellschaftlichen Idee, zur alles vertilgenden Leidenschaft werden, sonst ist das Unheil nicht aufzuhalten. Wenn wir das Regime bloßstellen und geißeln (eine notwendige Voraussetzung der Reinigung), sollten wir dennoch daran denken, dass Vergebung wichtiger ist als Strafen und dass jeder das Recht auf Reue hat. Aus Wut und Rache baut man keine neue Gesellschaft.

Viertens, man muss zwischen den »Musterschülern« und jenen unterscheiden, die »so lebten wie alle«. Ihr Beitrag ist unterschiedlich, und ihr Schicksal sollte unterschiedlich sein. Im letzten Vierteljahrhundert hat sich eine verderbliche, amoralische Matrix des sozialen Verhaltens herausgebildet, in der Gut und Böse, Schwarz und Weiß die Plätze getauscht haben. Dutzende Millionen Menschen sind in diese Matrix geraten und haben nach ihren Regeln gelebt. Vielen ist dabei gar nicht klar gewesen, dass sie an Verbrechen des Regimes beteiligt waren; anderen schon, doch sie handelten nicht aus eigenem Antrieb.

Allerdings gab es auch die »Musterschüler«, jene, die diese Matrix geschaffen und gepflegt, die die Nation verdorben und den Staat in einen Mafiastaat verwandelt haben. Sie sind die Hauptnutznießer. Und sie müssen anders behandelt werden.

Fünftens müssen wir endlich verstehen: Auch wenn Umerziehen schwieriger ist als Erschießen, ist die Aufgabe doch umzuerziehen; davon zu überzeugen, anders zu leben, nach neuen Regeln zu spielen.

Das alles bewegt mich dazu, mich zu den wichtigsten zwei The-
men der Diskussion der letzten Jahre zu äußern – der Lustration
und der Revolution.

Lustration

Wenn das Regime zusammenbricht (und das wird es früher oder
später tun, es ist nur eine Frage der Zeit), erhebt man dann das
rächende Schwert gegen alle Mitarbeiter der Gewaltstrukturen,
die Richter, Staatsanwälte und so weiter? Muss man endlich die
Kommunisten verbieten und zugleich den Mitgliedern von »Eini-
ges Russland«, »Gerechtes Russland«, den Adepten der rechtsradi-
kalen Liberaldemokratischen Partei und Aktivisten der Gesamt-
russischen Volksfront den Zugang zum öffentlichen Dienst
verweigern?

Ja, die Richter bei uns sind durch die Bank demoralisiert und
von Rechtlosigkeit verdorben. Aber vielleicht geht es weniger um
die Richter als um ihre Verderber?

Ich bin gegen die totale Lustration – sie war kaum jemals wirklich effektiv.

Keine Frage, die Verbrechen des Regimes müssen gründlich
und umfassend untersucht und die zentralen Nutznießer des Ma-
fiastaates, die realen Urheber der Eskalation von Repression und
Willkür beim Namen genannt werden. Diese Menschen müssen
vor Gericht gestellt und in einem öffentlichen und rechtmäßigen
Verfahren verurteilt werden (unter Wahrung all jener Garantien,
die sie selbst den anderen vorenthalten haben), auch wenn die Gesellschaft später beschließen sollte, sie zu amnestieren. Bei den üb-
rigen, weniger bedeutenden Akteuren kann man sich auf »Bewäh-
rungsmaßnahmen« beschränken.

Anders verhält es sich mit der »institutionellen Lustration«, die
auf strengste und konsequenteste Weise durchgeführt werden
muss. Der Punkt ist nicht, dass die Offiziere des KGB der UdSSR

nicht überprüft worden sind, sondern dass dieser KGB selbst mit der Zeit als universale Repressionsinstitution restauriert wurde, die die Rolle einer zweiten (manchmal auch ersten) Regierung spielte. Eine solche Lustration ist keine Hexenjagd, sondern die gnadenlose Durchforstung eines finsteren Waldes, der die Menschen in Hexen und Kobolde verwandelt.

Revolution

Alles läuft darauf hinaus, dass in Russland eine neue Revolution unvermeidlich ist.

Die Machthaber haben so viel getan, um die Revolution zu einem Schreckgespenst zu machen, dass sie heute die gegenteilige Reaktion ernten: Für viele Menschen ist die Revolution, und zwar je härter, desto besser, der erstrebenswerteste und beste Ausweg aus der zunehmenden Krise.

Ist die Revolution so gut, wie unsere Fantasie sie uns ausmalt? Keineswegs. Die Revolution hat eine sehr düstere Kehrseite. Der Wunsch nach Revolution ist für den Menschen überhaupt widernatürlich, denn sie bedeutet eine wirklich tiefe Erschütterung für die gesamte Gesellschaft. Aber jetzt ist es zu spät, darüber nachzudenken: Die Revolution wird so nötig gebraucht wie das Messer des Chirurgen. Ist diese historische Notwendigkeit einmal verstanden und akzeptiert, in Kenntnis der Erfahrungen einiger Völker der Welt, müssen wir trotzdem alles daransetzen, dass die Revolution nicht zum Selbstzweck wird. Willkür und Gewalt können nicht dadurch beendet werden, dass man ein Festival von Gewalt und Willkür inszeniert.

Man darf das Hauptziel der Revolution nicht aus den Augen verlieren – die Gesellschaft humaner, geduldiger, freier zu machen. Abgesehen von den politischen und ökonomischen Ergebnissen soll die Revolution einen sittlichen Mehrwert bringen, gerade deshalb darf sie nicht den Zynikern und Polittechnologen überlassen werden.

Die Revolution wird nicht benötigt, um die alte Ordnung zu zerstören. Dafür braucht es nicht viel Verstand. Die Revolution wird benötigt, um an der Stelle der alten Ordnung eine neue zu errichten, die auf Gerechtigkeit und Barmherzigkeit gleichermaßen gründet.

Wenn eine solche neue Ordnung nicht entsteht, ist die Revolution als gescheitert zu betrachten. Heute konzentrieren wir uns im Eifer des Gefechts häufig auf die negative Seite der Revolution, auf die Notwendigkeit, das viel verhasste Regime zu stürzen. Das ist verständlich, gerade heute, da dieses Regime zu einer Politik der offenen Massenrepressionen übergeht. Doch wenn wir den Schwerpunkt nicht auf die positive Seite der Revolution verlegen, auf ihre Ideale, auf ihre Träume von einer Zivilgesellschaft in einem Rechtsstaat, dann entwerten wir dadurch jeden Sieg über das Regime und werden noch weiter vom Ziel entfernt sein als zuvor.

Die Kampflust, der Rachedurst, der Wunsch, die Vampire zumindest an den Schandpfahl genagelt zu sehen, ist verständlich und in vielem berechtigt. Das Regime selbst provoziert seine Gegner zu Hass und Feindseligkeit. Doch wenn wir uns beim Blick in die Zukunft allein von diesen Emotionen leiten lassen, kommen wir nicht weit. Letztlich wird der gewinnen, der sich über Emotionen erhebt und allen einen Chance gibt, an der Schaffung des neuen, offenen Russland mitzuwirken.

Schluss

Den Drachen
hinter Gitter bringen

Der Drache ist in seinem Krieg gegen das eigene Volk zu weit gegangen. All seine Köpfe, wie viele es auch sind, müssen wissen, dass sie persönlich für das Geschehen verantwortlich gemacht werden und für alles zahlen müssen. Gleichzeitig möchte ich mich an all diejenigen wenden, die ins russische Kolosseum gekommen sind, um dem Kampf mit dem Drachen beizuwohnen und von der Tribüne aus den Helden zu applaudieren: Schon im Gefängnis habe ich eure Passagen mit der Lobpreisung der Helden gelesen; ich lese sie auch jetzt. Ich lese daraus den Wunsch, dass jemand für euch den Drachen tötet. Ich sehe die furchtbare Enttäuschung, wenn das nicht geschieht.

Da würde ich gern fragen: Ist euch klar, dass diese Enttäuschung noch größer sein wird, wenn euer Wunsch in Erfüllung geht und jemand für euch den Drachen tötet?

Um ein professioneller Drachentöter zu werden, muss man entweder von Anfang an ein Drache sein oder im Laufe der Zeit zu einem solchen werden. Und die eigene Mannschaft wird eine typische Drachenbrut sein, auch ihre Methoden und Ziele.

Und sich darauf zu verlassen, dass der Held kämpft und ihr die Dividenden einfahrt (und wenn es nur Freiheit und Demokratie seien), ist naiv (wenn das Erwartete Freiheit und Demokratie ist und keine Leistung eines Dieners). Mit Jelzin haben wir das schon erlebt.

Kann man den Drachen töten? Selbstverständlich – keine Frage. Die wichtigste Frage lautet: Wozu? Die Antwort darauf fällt sehr viel schwerer, als viele meinen.

Für mich, so wie für viele meiner Mitbürger, zählt die tausend-jährige Kontinuität der russischen Geschichte, zählen die Wurzeln unserer gemeinsamen europäischen und heute bereits euroatlanti-schen Zivilisation.

Die moderne Welt ist nicht nur Globalisierung, Kommunika-tion und Zusammenarbeit; sie bedeutet zugleich auch Konkurrenz auf einer neuen, globalen Ebene, auf der Ebene der globalen Zivi-lisationen.

Wir sind Europäer! Wir haben diese Zivilisation mit aufgebaut und verteidigt und haben nicht weniger Anrecht darauf als die Fran-zosen, Deutschen, Briten, Australier, Kanadier und Amerikaner!

Wir sind jahrhundertelang in Reih und Glied, Schulter an Schul-ter marschiert und wissen: Wir brauchen sie alle, und sie brauchen uns. Hören wir nicht auf die dummen und gierigen Menschen, die aus selbstsüchtigen Motiven wollen, dass wir uns zerstreiten.

Welchen Platz wir am gemeinsamen Tisch einnehmen werden, hängt ganz von uns ab – von unserem Talent, unserem Verstand, der Gabe, in die Zukunft zu sehen und die Ziele zu erreichen, die uns, unsere Kinder und Enkel glücklich machen werden.

Ich leiste meinen Beitrag zu dieser Arbeit. Wer kann, der möge mehr tun und es besser machen.

Der Autor

Michail Chodorkowski ist wahrscheinlich der berühmteste lebende russische Dissident im Exil. Als erfolgreicher Geschäftsmann war er Chef von YUKOS, einem der größten Ölproduzenten der Welt. Nachdem er Anfang 2003 bei einem im Fernsehen übertragenen Treffen mit Präsident Putin die endemische Korruption kritisierte, wurde er noch im selben Jahr verhaftet und unter dem Vorwurf der Steuerhinterziehung und des Betrugs zu 14 Jahren Gefängnis verurteilt. Er wurde von Amnesty International zum Gewissensgefangenen erklärt und schließlich im Dezember 2013 freigelassen. 2001 hatte er die Open Russia Foundation gegründet mit dem Ziel, die Zivilgesellschaft in Russland aufzubauen und zu stärken. Als Anführer der russischen Opposition im Exil setzt sich Chodorkowski für eine alternative Vision Russlands ein. Der Oscar-prämierte Dokumentarfilmer Alex Gibney hat Michail Chodorkowskis Lebensgeschichte in seinem neuesten Film *Citizen K* aufgezeichnet, der derzeit auf Amazon Prime zu sehen ist.

Weitere auf Deutsch erschienene Bücher des Autors sind: *Briefe aus dem Gefängnis: Mit einem Essay von Erich Follath* (2011), *Mein Weg: Ein politisches Bekenntnis* (2012) und *Meine Mitgefangenen* (2014).

© Anastasia Khodorkovskaya

Der Umwelt zuliebe
· produzieren wir zu über 90 %
  in Deutschland
· achten wir auf kurze Transportwege
· drucken wir auf Papier aus
  verantwortungsvollen Quellen

MIX
Papier | Fördert
gute Waldnutzung
FSC
www.fsc.org FSC® C014889

2. Auflage 2023
Die Originalausgabe erschien 2022 unter dem Titel How to Slay a Dragon
(Как убить дракона?) bei MBK Productions, Ltd.

© by Michail Chodorkowski
Agreement via Wiedling Literary Agency

© der deutschsprachigen Ausgabe 2023
Europa Verlag in der Europa Verlage GmbH, München
Umschlaggestaltung: Hauptmann & Kompanie, Werbeagentur, Zürich
Übersetzung: Dr. Olaf Kühl, Berlin
Redaktion: Franz Leipold
Layout & Satz: Dr. Alex Klubertanz, Haßfurt
Druck und Bindung: Pustet, Regensburg
ISBN 978-3-95890-573-3
Alle Rechte vorbehalten.

www.europa-verlag.com